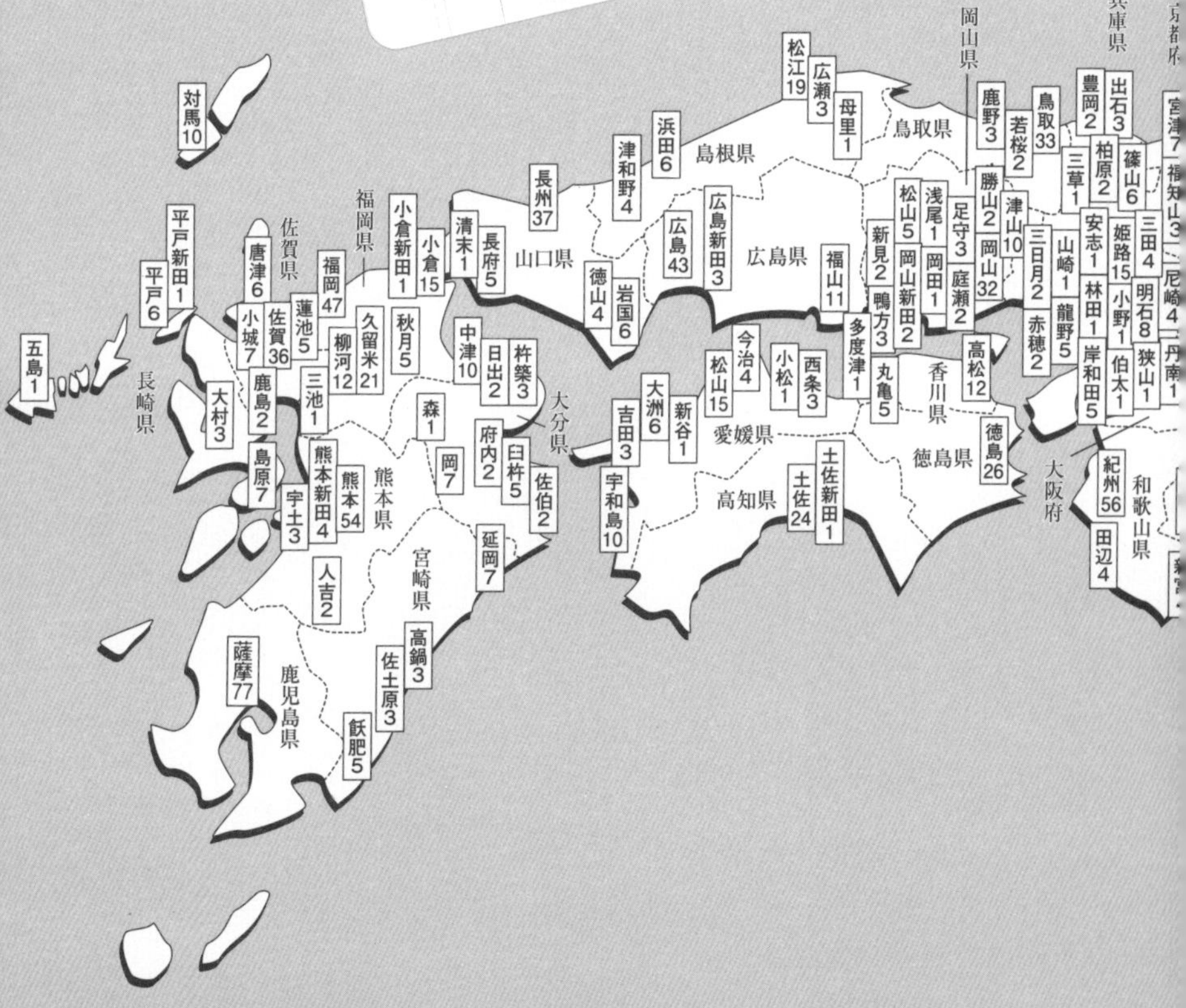

対馬 10
平戸新田 1
平戸 6
五島 1
長崎県
佐賀県
唐津 6
小城 7
佐賀 36
蓮池 5
福岡 47
福岡県
大村 3
鹿島 2
三池 1
柳河 12
久留米 21
小倉新田 1
小倉 15
秋月 5
清末 1
長府 5
長州 37
山口県
津和野 4
浜田 6
島根県
松江 19
広瀬 3
母里 1
鳥取県
岡山県
鹿野 3
若桜 2
鳥取 33
兵庫県
豊岡 2
出石 3
柏原 2
篠山 6
三草 1
徳山 4
岩国 6
広島 43
広島新田 3
広島県
福山 11
新見 2
松山 5
浅尾 1
足守 3
勝山 2
津山 10
岡田 1
岡山新田 2
庭瀬 2
岡山 32
鴨方 3
三日月 2
山崎 1
安志 1
姫路 15
三田 4
明石 8
林田 1
小野 1
尼崎 4
赤穂 2
龍野 5
岸和田 5
伯太 1
狭山 1
中津 10
日出 2
杵築 3
大分県
森 1
府内 2
臼杵 5
岡 7
佐伯 2
島原 7
熊本新田 4
熊本 54
熊本県
宇土 3
人吉 2
宮崎県
延岡 7
高鍋 3
佐土原 3
飫肥 5
薩摩 77
鹿児島県
吉田 3
大洲 6
新谷 1
宇和島 10
松山 15
今治 4
小松 1
西条 3
愛媛県
多度津 1
丸亀 5
香川県
高松 12
徳島 26
徳島県
高知県
土佐 24
土佐新田 1
大阪府
紀州 56
和歌山県
田辺 4

シリーズ藩物語

小城藩

野口朋隆……著

現代書館

プロローグ

小城藩物語

江戸時代、多くの藩・大名家（本家）では、分家をつくり、本家と分家の関係を形づくった。小城《おぎ》藩鍋島《なべしま》家も佐賀藩鍋島家が領地を割き、佐賀藩主の息子を当主として創出された分家大名である。佐賀藩の中には、小城藩の他にも蓮池《はすのいけ》藩・鹿島藩という三つの藩があり、三家とも称した。分家は本家の男系の血統が絶えた場合を想定して、万が一の時には本家の養子となり本家を絶えないようにするために創出された。さらに佐賀藩の場合、これに加えて、江戸時代の初めに、幕府との関係を安定させたいという家の事情から、江戸へ庶子達を置いていたことに由来する。

このため、これから本編でお話ししていく通り、小城藩は、けっしてほかの藩と同じではない。もう少しいうと、幕府との関係や、領域支配の面において、佐賀藩の影響力がとても強く、同藩の存在を抜きにして、その歴史を考えることができないくらいである。

よく二五〇諸侯とか江戸三〇〇藩というような大名の数＝藩の数をいうことがあるが、これらの「藩」は、けっしてすべてが同じ状

藩という公国

江戸時代、日本には千に近い独立公国があった

江戸時代。徳川将軍家の下に、全国に三百諸侯《しょこう》★の大名家があった。ほかに寺領や社領、知行所《ちぎょうしょ》★をもつ旗本領《はたもとりょう》などを加えると数え切れないほどの独立公国があった。そのうち諸侯を何々家《け》家中《かちゅう》と称していた。家中は主君を中心に家臣が忠誠を誓い、強い連帯感で結びついていた。家臣の下には足軽《あしがる》層《そう》★がおり、全体の軍事力の維持と領民の統制をしていたのである。その家中を藩と後世の史家は呼んだ。

江戸時代に何々藩と公称することはまれで、明治以降の使用が多い。それは近代からみた江戸時代の大名の領域や支配機構を総称する歴史用語として使われた。その独立公国たる藩にはそれぞれ個性的な藩風《はんぷう》と自立した政治・経済・文化があった。幕藩体制とは歴史学者伊東多三郎《いとうたさぶろう》★氏の視点だが、まさに将軍家の諸侯の統制と各藩の地方分権が巧く組み合わされていた、連邦でもない奇妙な封建的国家体制であった。

今日に生き続ける藩意識

明治維新から百五十年以上経っているのに、今

況・条件のもとに存在していたのではない。つまり、「藩」には個性があり、様々な属性を持つ「藩」が集まる多様性のもとに幕藩体制が形づくられていたということである。

小城藩は佐賀藩主鍋島勝茂の庶長子鍋島元茂を初代として、最後の藩主鍋島直虎《なおとら》まで十一代続いた、七万三千石余の石高を持つ外様大名である。

元茂は幕府と鍋島家との関係を安定させるために江戸に詰め、寛永十四年（一六三七）に起きた島原の乱にも出陣した。しかし二代直能、三代元武の時代になると、幕府との関係をめぐって、佐賀藩との関係が悪化した。このため天和三年（一六八三）に「三家格式」が制定される。元武は将軍綱吉のもとで異例の「側役」である奥詰に任命され幕府からは公家衆馳走役などの公儀役が課されたため、藩財政が悪化の一途をたどっていく。十九世紀の小城藩は、大名としての格式を停止させられる公務御容捨となったり、佐賀藩が力を入れる長崎警備に動員されていく。慶応四年（一八六八）には、東北秋田まで出兵し明治維新を迎え、翌明治二年（一八六九）、版籍奉還、同四年の廃藩置県を経て、小城藩は終わりを迎えた。

でも日本人に藩意識があるのはなぜだろうか。明治四年（一八七一）七月、明治新政府は廃藩《はいはん》置県《ちけん》★を断行した。県を置いて、支配機構を変革し、今までの藩意識を改めようとしたのである。ところが、今でも、「あの人は薩摩藩の出身だ」とか、「我らは会津藩の出身だ」と言う。それは侍出身だけでなく、藩領出身も指しており、藩意識が県民意識をうわまわっているところさえある。むしろ、今でも藩対抗の意識が地方の歴史文化を動かしている。そう考えると、江戸時代に育まれた藩民意識が現代人にどのような影響を与え続けているのかを考える必要があるだろう。それは地方に住む人々の運命共同体としての藩の理性が今でも生きている証拠ではないかと思う。

藩の理性は、藩風とか、藩是《はんぜ》とか、ひいては藩主の家風ともいうべき家訓などで表されていた。

〔稲川明雄（本シリーズ『長岡藩』筆者）〕

諸侯▼江戸時代の大名。
知行所▼江戸時代の旗本が知行として与えられた土地。
足軽層▼足軽・中間・小者など。
伊東多三郎▼近世藩政史研究家。東京大学史料編纂所所長を務めた。
廃藩置県▼藩体制を解体する明治政府の政治改革。廃藩により全国は三府三〇二県となった。同年末には統廃合により三府七二県となった。

シリーズ藩物語 小城藩

目次

第五章 揺れる藩政

江戸中後期、藩財政の悪化、災害、身分の動揺など、様々な問題が起きた。

現在の佐賀県と長崎県
福岡県
福岡市
糸島市
那珂川町
玄海町
佐賀県
唐津市
基山町
鳥栖市
吉野ヶ里町
神埼市
みやき町
松浦市
平戸市
伊万里市
小城市
佐賀市
多久市
久留米市
佐々町
佐世保市
有田町
武雄市
大町町
江北町
大川市
大木町
筑後市
白石町
柳川市
みやま市
波佐見町
川柳町
嬉野市
鹿島市
東彼杵町
大牟田市
太良町
西海市
長崎県
大村市
荒尾市
長洲町
諫早市
時津町
長与町
雲仙市
島原市
長崎市
南島原市

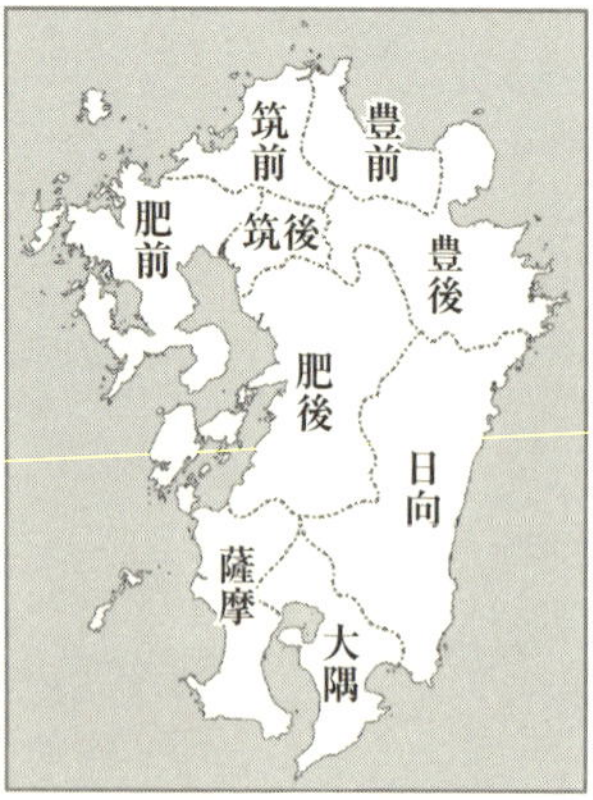
筑前
豊前
肥前
筑後
豊後
肥後
日向
薩摩
大隅

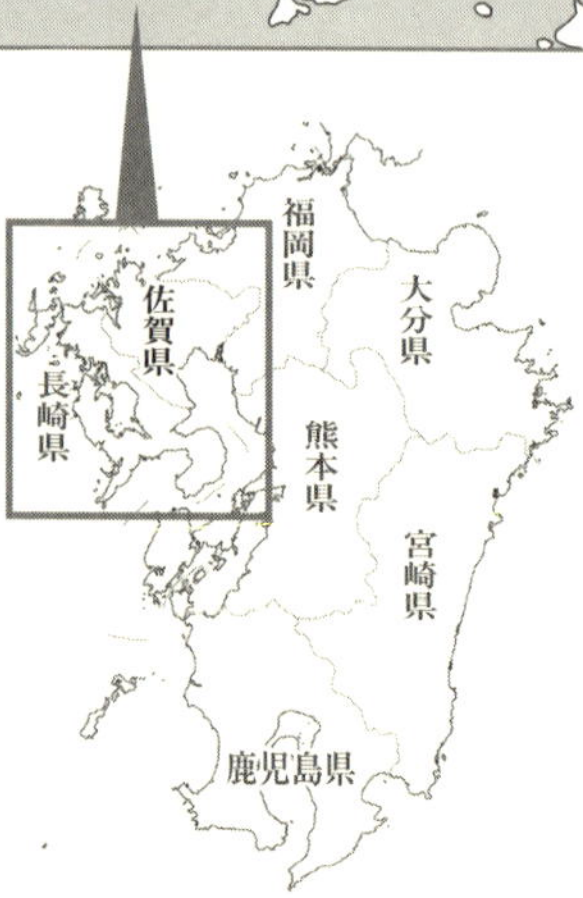
福岡県
佐賀県
長崎県
大分県
熊本県
宮崎県
鹿児島県

第一章 千葉・龍造寺・鍋島の時代

鎌倉以来の武士達が肥前国を治めるために争った時代。

千葉城遠景

◆1 小城と千葉氏・龍造寺氏

元寇を機に関東より下向した千葉氏。
九州でも特に高い身分であった千葉氏だが、やがて東西に分裂し、
所領のあった小城郡は龍造寺氏に継承されていく。

『海東諸国紀』における千葉氏

小城藩の歴史を紐解くにあたり、まず、中世に小城を治めた千葉氏から始めたい。一四七一年、日本の隣国であった李氏朝鮮において、国王成宗《せいそう》の命により、来日経験もある外交官申叔舟《しんしゅくしゅう》が、日本や琉球の歴史・地理や大名などを記した『海東諸国紀』を編纂したが、ここに小城と千葉氏が登場する。

「千葉殿　己卯《つちのとう》年（長禄三（一四五九）年）、遣使来朝す。居は小城に有り」

ここに記載されている「千葉殿」とは千葉元胤《もとたね》のことで、小城を本拠地として、年に一回、朝鮮との通交を行うとある。千葉氏は外国にまで、その名と所領名が

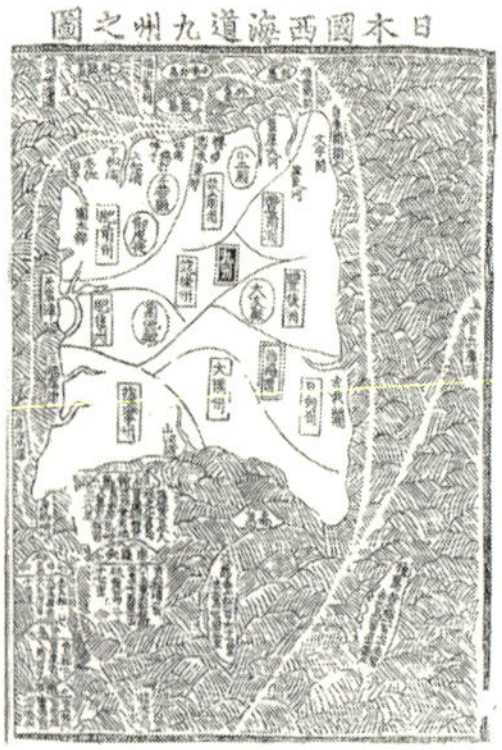

日本国西海道九州之図
（『海東諸国紀』より／国立国会図書館蔵）

知られる存在であり、かつ、財力も肥前国内の他の領主とは異なる立場にあったことを物語るものであろう。同書には九州の他の領主も書かれているが、名字の下に「殿」を付けているのは、千葉氏以外、筑前《ちくぜん》の「小二《しょうに》（少弐★）殿」、豊後《ぶんご》の「大友殿★」、肥後《ひご》の「菊池殿★」だけであり、いずれも該当国の守護に任じられ、大きな勢力・影響力を持つ家である。こうした中に、同列で書かれているのが小城の千葉氏なのである。特に元胤の時代は、江戸時代の編纂物『九州治乱記★』（別名『北肥戦誌』）には、「千葉家の全盛此時とぞ見えし」と位置付けられる程であった。小城郡からアジアをも見つめる海洋性を持った領主であった。

この元胤と同じ「元」の字を名に付けたのが小城藩の初代藩主鍋島元茂である。

中世千葉氏略系図

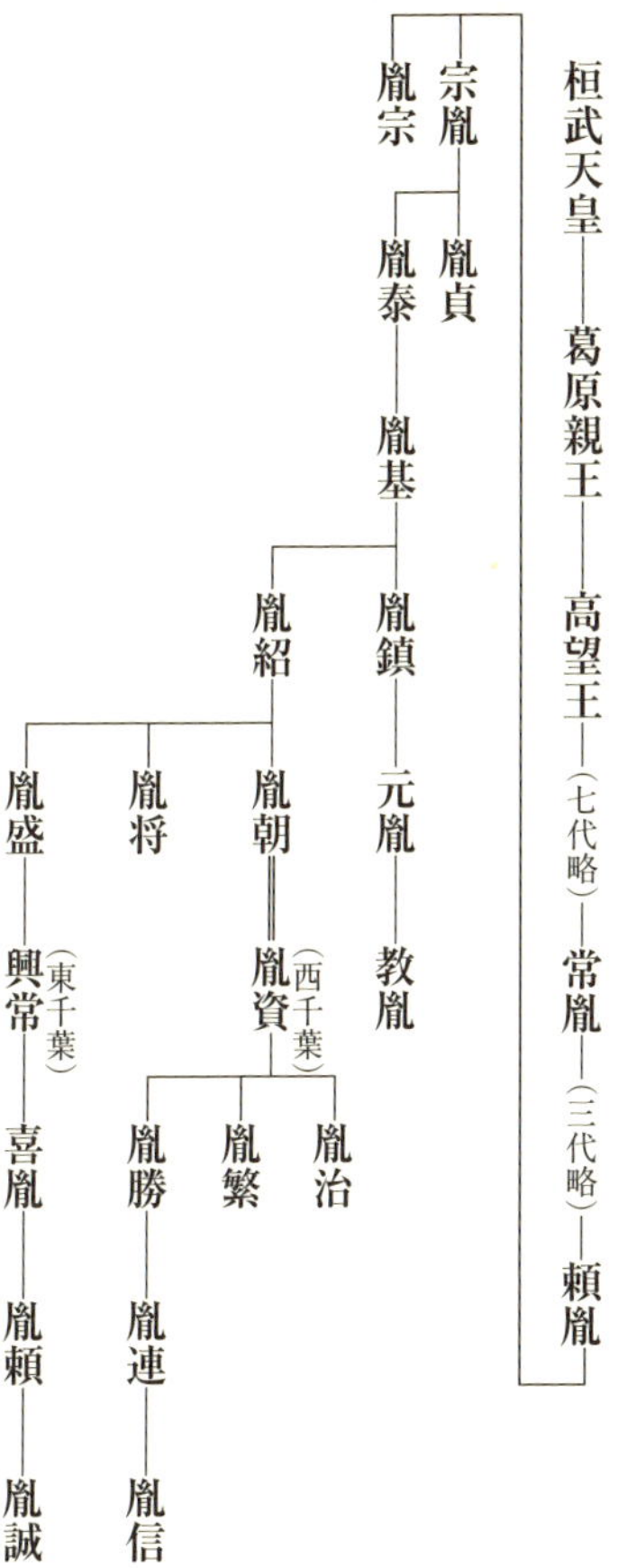

▼少弐
鎌倉時代初期から戦国時代まで九州北部で勢力を持った雄族。元は武藤を姓としていたが代々、大宰少弐を世襲したことから少弐と呼ばれるようになった。

▼大友
鎌倉時代から豊後国（大分県）を本拠地とした。戦国時代の大友宗麟が有名。子義統の時、秀吉から改易されるが、子孫は江戸幕府高家として存続した。

▼菊池
もとは肥後国（熊本県）の豪族で、南北朝時代には南朝方の中心勢力として活動した。

▼九州治乱記
享保年間、まだ藩主になる前の嫡子時代に鍋島宗茂が、家臣馬渡俊継の書いていた歴史書を浄書訂正して編纂された書物。鎌倉後期の蒙古襲来から、豊臣秀吉による朝鮮出兵までを、肥前国内の動乱を中心に描いている。

これが偶然の一致かどうかは分からないが、「元」には、「もと」「はじめ」「第一」といった意味がある（諸橋轍次『大漢和辞典』）。

それでは次に、元胤や元茂の時代に至るまで、もう少し時間を遡って、関東から入った千葉氏や、龍造寺氏の興亡、そして鍋島氏の勃興を見てみることにしよう。

千葉氏の入部

中世における、千葉氏は肥前国内の政治、経済、文化、宗教各方面において大きな影響力を持った。千葉氏は、桓武《かんむ》天皇の末裔である桓武平氏★の流れをくみ、下総国千葉を本貫地とする関東武士団のひとつである。鎌倉幕府の創建時には、平（千葉介《ちばのすけ》）常胤が、石橋山の戦い★で挙兵した源頼朝《みなもとのよりとも》を支持し、その後も大きく貢献したことから、薩摩《さつま》国、大隅《おおすみ》国、豊前《ぶぜん》国、肥前《ひぜん》国などに、多くの所領を得た。特に肥前国小城郡は、千葉氏の嫡流が「郡惣地頭職★」として相伝する所領であった。もっとも、千葉氏による小城郡支配は「代官★」を派遣して行われ、直接、居住することはなかった。

千葉氏の当主が実際に小城へ入部するのは、蒙古《もうこ》襲来が契機となっている。文永の役に参加していた千葉頼胤《よりたね》は、建治元年（一二七五）、合戦時の傷がもとで小

▼桓武平氏
臣籍降下した皇族へ与えられた姓の一つで、桓武天皇系賜姓皇族の内、平朝臣を称した氏族。

▼石橋山の戦い
治承四年（一一八〇）、伊豆で挙兵した源頼朝が相模国足柄下郡の石橋山で平家方と戦い敗れた。頼朝は箱根から真鶴を経て房総へのがれ、千葉介広常・常胤を味方にした。

▼郡惣地頭職
地頭とは、主に鎌倉幕府が荘園や国衙領を支配するために置いたもので、現地の徴税、行政、軍事、警察などの各種権限を持った。一郡内の小地頭などを管轄している地頭職のこと。

▼代官
荘園や国衙領の管理、支配一切を請け負った者。

城で死去したため、かわってその嫡子宗胤が小城へ下向した。以後、宗胤の子孫が小城を所領として、戦国時代に至るまで活躍することになる。なお、千葉氏の東国における本拠地であった下総国千葉は、宗胤の弟胤宗の系統が継承した。

続く南北朝の動乱では、全国の武士がそうであったように、小城の千葉胤貞が足利尊氏《あしかがたかうじ》方に、下総の千葉貞胤が新田義貞《にったよしさだ》方に属し、建武二年（一三三五）には、胤貞が貞胤の千葉城を攻めるなど、一族分裂の状況であった。

千葉氏全盛期へ

胤貞の跡を継いだのは、弟の胤泰である。この胤泰から、先程の『海東諸国紀』に書かれた元胤までが、まさに千葉氏全盛の時代である。

胤泰は一時、九州で優勢にあった南朝方に属したこともあったが、最終的には、北朝で九州探題であった今川了俊《りょうしゅん》★（貞世《さだよ》）の配下となり、各地を転戦した。

中世史家で千葉氏に詳しい宮島敬一氏によれば、応永二年（一三九五）、今川了俊が三代将軍足利義満によって京都へ召還されると、胤泰は佐賀郡★において国衙《こくが》★の在庁官人の系譜を引く於保《おほ》氏や、肥前一宮河上《かわかみ》社の神事執行に関与していた鍵《かぎ》尼《あま》氏等を支配下に置いている。応永七年二月、百年間中絶していた河上社の祭礼を復活したのも千葉氏の可能性が濃厚であるという。千葉氏は、本拠地の小城郡

▼今川了俊
足利義満のもと、応安四年（一三七一）、九州探題として京都から九州へ下向し、同地の南朝方勢力を次々と破り、足利幕府の全国統一に大きく貢献した。

▼佐賀郡
肥前国の中央部に位置し古代以来、中央政府の出先機関である国衙や国分寺が置かれた。

▼国衙
古代から中世にかけて、諸国の国府にあった地方統治機構のこと。

以外、佐賀郡にまで勢力を広げていったのである。宮島氏は、肥前国に守護が在国していなかったことが、千葉氏の佐賀郡進出の背景にあることを指摘している。特に、河上社の祭礼費用は、肥前一国全体にかける「段銭《たんせん》」★として千葉氏が賦課《ふか》し、さらに祭礼の時に奉納される流鏑馬《やぶさめ》や警備のための辻固めなど、国内の武士を動員する権限も得ていた。

▼段銭
田地一段に課された税金のこと。

分裂する千葉氏

千葉氏の全盛期は元胤の時代であった。元胤は、康正元年（一四五五）、病死した父胤鎮の跡を継いで千葉家当主となった。

しかし、寛正五年（一四六四）、元胤は二十八歳の若さで死去してしまう。このため、千葉家は子の教胤《のりたね》が相続したが、教胤もまた文明元年（一四六九）に藤津《ふじつ》郡の大村家親を攻める途中に死去してしまった。そこで、元胤の従兄弟であった胤朝《たねとも》が千葉家を継いだ。しかし同九年、胤朝もまた、弟の胤将《たねまさ》により殺されてしまい、千葉家は断絶の危機を迎えた。そこで肥前国東部で勢力を持っていた少弐政資《まさすけ》は、弟を胤資《たねすけ》と名乗らせ千葉家を継がせた。胤資は晴気《はるけ》城（現・小城市晴気）を居城としたことから、西千葉氏と呼ばれる。

一方、西千葉氏に対抗したのが胤朝の弟胤盛の子であった千葉興常《おきつね》である。興常は、小城郡赤自城《あかじ》（現・小城市三日月町赤司）を居城としたため、東千葉氏と呼ばれる。興常の「興」の字は、当時、西日本を始め幕府内でも大きな影響力を持っていた周防国山口《すおう》（現・山口県山口市）の守護大名大内義興《よしおき》から拝領したものと考えられる。実際、興常は明応六年（一四九七）に義興が筑前国に侵入してくると、大内方として少弐方の胤資と戦い、活動している。

千葉氏と龍造寺氏

東西千葉氏は、それぞれ大内氏方と少弐氏方に分かれて戦ったが、東千葉氏は、興常・喜胤《よしたね》親子が杵島郡《きしま》にまで勢力を伸ばしたものの、享禄元年（一五二八）に後ろ盾であった周防国の大内義興が没すると、一時、山口に退避せざるを得なくなる。それは、西千葉氏の当主であった胤勝《たねかつ》（実は少弐氏の一族横岳資貞の三男）が、少弐氏をはじめ、佐賀郡内の領主であった龍造寺氏《りゅうぞうじ》と手を結び、小城郡で勢力を保持したためであった。もっとも、天文二年（一五三三）には、胤勝と興常は連署して、肥前国一宮の河上社へ安堵状を出し、翌年には禁制★を下していることから、両者は和睦したようである。

さて、少弐氏の家臣となっていた龍造寺氏は、鎌倉幕府御家人の系譜を引き、佐賀郡龍造寺村を本拠とした国人領主★であったが、西千葉氏を援護することで小

▼禁制
掟・禁令などを告知した古文書。高札。

▼国人領主
在地性の強い領主層で、国衆とも呼ばれる。

城郡にまで勢力を拡大するようになった。この時期、少弐・千葉・龍造寺三者は、それぞれが養子縁組をして関係を深めている。東千葉喜胤の養子として少弐冬尚《ふゆひさ》の弟胤頼が入嗣し、西千葉勝胤の子胤連《たねつら》の養子として龍造寺家兼《いえかね》の家臣であった鍋島清房の子直茂（幼名は彦法師だが、本書では直茂で統一した）が入っている。なお直茂は後に佐賀藩祖となる人物で、小城藩の祖である鍋島元茂の祖父である。胤連の養子に直茂が選ばれた背景として、鍋島氏が龍造寺氏の重臣であるとともに、清房の妻は龍造寺家純の娘で、直茂はその間に生まれた子であったため、この血縁関係から養子に選ばれたものと考えられる。

さて、この養子縁組は、これまでの大内方、少弐方といった政治的枠組みを超えていたものであり、これで千葉氏をはじめ、小城郡の政情も安定していくかに見えた。

しかし同十四年、少弐冬尚は、胤頼とともに、胤連を攻めたため、再び千葉氏は争いの時代に入った。胤連は龍造寺氏と結び、大内義興の後継者である義隆の援護もあり、永禄二年（一五五九）、晴気城の胤頼を破り、自害させている。このため胤頼の子胤誠は、千葉氏伝来の宝物を持って、小城・佐賀両郡にまたがる山岳地帯である山内を本拠地としていた神代《くましろ》氏を頼って落ち延びていった。

一方、胤連は実子胤信《たねのぶ》が誕生したことにより、牛尾《うしのお》城（現・小城市小城町池上）にいた直茂との養子縁組を解消していたが、もはや小城郡を支配するだけの力は

鍋島直茂像
（公益財団法人鍋島報效会蔵）

なく、龍造寺氏による小城郡支配が進められていく。その後、江戸時代の千葉氏は、鍋島直茂《なおしげ》・勝茂《かつしげ》親子のもとで佐賀藩の身分格式上、家老格の次に位置する着座《ちゃくざ》層に位置付けられ存続していく。

なお、小城郡の南部芦刈《あしかり》（現・小城市芦刈町一帯）には、千葉氏の一族であった徳島氏がおり、龍造寺氏による小城郡支配を助けた。子孫は小城藩士となっている。

牛尾神社（小城市）

②豊臣秀吉へ臣従

島原半島沖田畷の戦いで敗れた龍造寺氏は薩摩島津氏へ臣従するが、豊臣秀吉が九州へ攻めてきたことで、島津氏から離反して秀吉へ臣従する。龍造寺氏とともに鍋島直茂も取り立てられて豊臣大名となった。

龍造寺氏と鍋島氏

龍造寺氏は、隆信の代に、肥前を中心に、肥後、筑前、筑後、豊前、対馬《つしま》、壱《い》岐《き》にまで勢力を拡大したことから「五州二島の太守《たいしゅ》★」と呼ばれ全盛期を迎えた。しかし、隆信は、天正十二年（一五八四）三月二十四日、島原半島沖田畷《おきたなわて》において、有馬・島津連合軍との合戦で、戦死してしまった。その後、龍造寺氏は、嫡男政家《まさいえ》が家督を相続して、島津氏に臣従しながらも、家老であった鍋島直茂が中央政権の豊臣秀吉に近づき、天正十五年、秀吉の九州入りでは、いち早く参陣して、龍造寺家存続を認められている。

政家は、天正十六年七月には従五位下《じゅごいのげ》、同月二十八日には従四位下《じゅしいのげ》に叙せられ、豊臣大名としての道を歩むかのように思われた。しかし、天正十八年一月の秀吉

▼太守
守護や大名の別称。

龍造寺隆信画像
（宗龍寺蔵）

から政家の子藤八郎《とうはちろう》（後の高房《たかふさ》）に宛てられた領知朱印状によれば、政家は隠居となっている。江戸時代初期における龍造寺家の内部事情と豊臣・徳川両政権との関係を分析した近世史家高野信治氏によれば、病弱を理由に一門・重臣から隠退を強いられたのが実情であるという。二十四歳であった。政家は佐賀郡久保田（佐賀県佐賀市久保田町）に隠居領五千石を与えられた。

そこで問題となるのが、誰が政家の後継者として龍造寺家を率いて秀吉へ奉公を行うのかということであった。政家の子高房（藤八郎）は、天正十四年生まれであるため、まだ五歳だった。とても秀吉が求める軍役を遂行する年齢には達していない。通常なら、これで御家断絶となるのかもしれないが、政家の隠居は、龍造寺家という「御家」を直茂・勝茂親子が政家・高房親子の名代となって率いるということで許されたものであった。

直茂の母は龍造寺家純《いえずみ》の娘（華渓《かけい》）であり、弟の康房は龍造寺純家の養子となるなど、直茂と龍造寺家は親族関係にあった。しかし、あくまで姓は「鍋島」で、すんなりと政家の後継者となる訳にはいかなかった。そこで政家は、養子として直茂を、さらに、直茂の養子に、自分の息子高房を入嗣させるとともに、直茂には「龍造寺」姓を与えることで、直茂をより龍造寺一門へ近づけようとした。もっとも、直茂が「龍造寺」姓を公的に名乗ったことは一度もない。

豊臣家へ臣従した後の直茂は、長崎の代官を命じられ、肥後一揆をはじめ、朝鮮出兵など、命じられ軍役を遂行していくことで、秀吉の信頼を得ていった。また龍造寺家の家臣を率いて、彼らと戦陣の辛労をともに過ごしたことは、家臣団からも信頼を得ることとなった。

豊臣秀吉による知行割

政家が隠居をするという龍造寺家存続の危機の中で、秀吉は天正十八年（一五九〇）一月八日付で、「肥前国龍造寺藤八郎知行割之事」という領知の配分を記した朱印状を、その子高房（まだ藤八郎を名乗っていたが高房で統一する）に与えた。小城郡については四万七千二百石が、佐賀郡内八万七千石とともに、高房の京都での賄料、政家の隠居料、佐賀の台所料、馬廻の知行地としてあげられている。領地は小城郡のどこかは分からない。また秀吉は、同年三月七日に、後に龍造寺四家と呼ばれる、龍造寺一族の中でも大身家臣に対して、秀吉は領地朱印状を発給したが、諫早《いさはや》（長崎県諫早市）の龍造寺七郎左衛門《しちろうざえもん》（家晴《いえはる》）には、合計二万二千五百二石五斗の内、小城郡内で四千五百三石一斗が宛行われている。龍造寺隆信の子で武雄《たけお》（佐賀県武雄市）の後藤《ごとう》家へ養子にいっていた後藤家信《いえのぶ》に対しては、合計一万九千七百三石九斗の内、小城郡東郷三千三百石七斗が書き上げられている。また小城郡多久《たく》（佐賀県多久市）の龍造寺長信に対しては、合計一万六千四

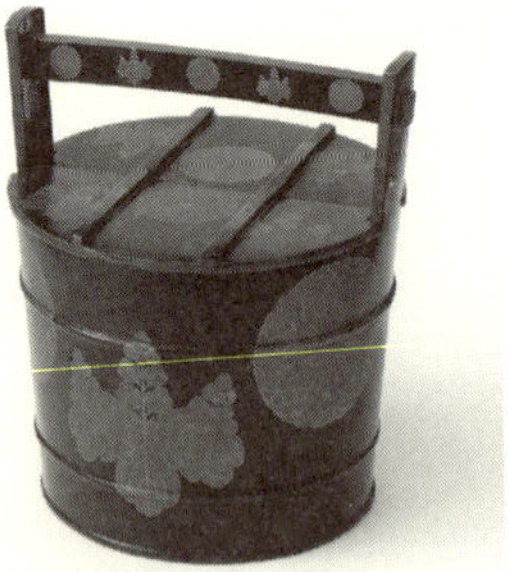

菊桐紋蒔絵風呂道具（柄桶）
（佐賀県立博物館蔵）

百石が宛行われている。

このように小城郡内には、龍造寺一門の知行地（領地）があった。しかし、龍造寺家を引き継いだ鍋島家では、朝鮮出兵をはじめ、城郭の普請など、打ち続く公儀役に疲弊しきっており、深刻な財政難に陥っていた。このため、龍造寺一門をはじめとした全家臣を対象に、領地の三部（三〇パーセント）を藩へ提出させる三部上知を、慶長十六年（一六一一）と元和七年（一六二一）の二度にわたって実施し、藩の直轄地である蔵入地★を拡充していった。この中から小城藩や蓮池藩の領地が割かれることになる。特に、元和七年の三部上知後、勝茂は元茂へ「小城郡一職（小城郡一帯）」を与えている。いずれにせよ、小城郡は、三部上知を経て、多久家（龍造寺長信★および子安順が龍造寺姓から改姓していた）を除き、龍造寺一門の領地ではなくなった。

なお、佐賀藩領内での検地も天正十六年（一五八八）、慶長十六年と行われており、小城郡においても実施され、石高の確定に至っている。

▼**蔵入地**
藩の領地は、藩主や藩の収入である蔵入地と、家臣団の領地・収入となる知行地に分けられる。

▼**龍造寺長信**
龍造寺周家の子で隆信の弟。兄を補佐し、龍造寺家が梶峰城の多久氏を滅ぼすと、同城に入城した。一時、蓮池城へ移った時期もあったが、再び梶峰城へ移り、子孫は江戸時代になると多久氏を名乗った。このため、龍造寺家に滅ぼされた多久氏を前多久氏、長信の系統を後多久氏ともいった。

③

関ヶ原合戦と「おうらみ状」

龍造寺家の当主であった政家は秀吉に奉公できなかった。
親族であり家臣でもあった鍋島直茂が龍造寺家を代表する立場となっていく。
多くの龍造寺家は名字をかえて存続した。

鍋島家による佐賀藩の誕生

直茂は、幼少の高房に代わって、龍造寺の「御家」を差配しながら、秀吉から課される軍役を果たしていくことで大名として認められていったが、龍造寺家の家督権は依然として高房のもとにあった。つまり、通常の大名家ならば、家を支配する裁判権と当主であることの家督権が結び付いているのだが、この時期の龍造寺家では、両者が分離している状態にあった。

直茂の子勝茂は、慶長五年（一六〇〇）の関ヶ原の戦いで西軍（石田三成方）に属したが、関ヶ原で西軍が敗れた後、いまだ抵抗して筑後国柳川城にいた立花宗茂《たちばなむねしげ》を攻めることで許された。もっとも、西軍に属したため、改易はおろか、減封されてもおかしくない状況にもかかわらず、現状の領地を維持できた背景には、国許にいた直茂が東軍（徳川方）の黒田如水《くろだじょすい》（官兵衛）と気脈を通じるとともに、当時、徳川家康の側近として厚い信頼を得ていた小城出身の僧閑室《かんしつ》（円光寺《えんこうじ》）元《げん》佶《きつ》が家康に仲介をしてくれたことが大きかった。

そして、その後も直茂・勝茂親子は、幕府から命じられた慶長七年の大坂城普請役をはじめ、同八年の名古屋城普請役、同九年の江戸城普請役、同十年の大坂城普請役、同十年から翌年までの江戸城普請役を確実に遂行し、同十年には、家康の養女と勝茂の婚姻が決まった。

こうした佐賀藩主としての鍋島氏の立場が定まっていく中、世の中に絶望したのが、龍造寺高房であった。高房は同十二年三月三日、江戸屋敷で妻を殺害した上で自害を図ったが果たせなかった。ここで直茂から高房の父政家へ出されたのが有名な「おうらみ状」である。この中で直茂は、隆信の戦死以来、いかに自分が龍造寺家存続のために尽くしてきたのかを問うとともに、「藤八郎殿（高房）御腹召され候儀、誰人に御あてなされ候哉」承りたいと述べて、高房の行動を非難した。しかし高房は傷が悪化し九月六日に死去してしまい、十月二日には、後を追うように政家も死去している。このため、これまで佐賀藩主が龍造寺氏なのか鍋島氏なのか曖昧な部分があったものの、藩内で一番の実力者であった鍋島直茂・勝茂親子が名実ともに藩主となり、鍋島氏による佐賀藩が誕生した。

閑室元佶像
（三岳寺蔵、佐賀県重要文化財）

龍造寺の本家はどの家？

では、高房が死去した後の龍造寺家はどうなったのであろうか。慶長十二年（一六〇七）九月六日に高房が死去した後、政家の二男安良《やすよし》が、江戸へ参府し、十一月、二代将軍徳川秀忠に初御目見を果たし、毎年米一〇〇〇俵を拝領している。身分はあくまで佐賀藩の家臣（陪臣）であり、大名や旗本に取り立てられた訳ではない。陪臣による将軍への御目見や廩米《りんまい》★の拝領は、近世初頭に特徴的なことであるが、臨時的な米の拝領など、領地拝領に比べ、扱いが軽いということはあるものの、将軍とも関係を持っていることを示すことになる。なお、安良は父の隠居領を継承して、佐賀郡久保田を領地とし、後にはばかって龍造寺から村田に改姓したため、久保田村田家と呼ばれた。

ただし、龍造寺の本家を継承するのは誰か、どの家なのか、という問題はくすぶり続けていた。

寛永十一年（一六三四）、高房の忘れ形見であった龍造寺伯庵《はくあん》が、幕府老中の土《ど》井《い》利勝《としかつ》へ「先祖以来の名字を名乗っていることを将軍家光へ披露して欲しい」、つまり、龍造寺の正統な後継者であることを将軍が認めて欲しい、と訴えた。『勝茂公譜考補』によれば、幕府は、龍造寺家について勝茂へ問い合わせた。

▼廩米
米のこと。切米ともいう。

久保田の田園風景（佐賀市久保田町）

そこで勝茂は、国許から龍造寺家の長老ともいうべき龍造寺長信の子多久安順《あんじゅん》を呼び、土井利勝をはじめ、評定衆、目付衆の尋問を受けさせた。土井は安順に対して、「伯庵は、龍造寺の惣領（本家）なのか、肥前国を領知すべき者なのか」と質問した。これに対して安順は「伯庵は下々の者であって、とても肥前国を領知すべき者ではありません。もしそのような者が龍造寺家でいるとすれば、それは私しかおりません。なぜなら、私の親は龍造寺隆信《たかのぶ》の弟長信《ながのぶ》です。また隆信の子政家は病気で奉公ができないため、鍋島直茂が代わりに奉公を行ったのです。直茂は隆信の義弟です。兄に子がいない時に弟が継ぐ例は古来からあります。だから私も直茂に従ってきたのです」と答えたため、もはや伯庵の意見を取り上げることはなかったという。

正保元年（一六四四）、伯庵は、幕府から会津藩へのお預けを命じられた。会津へ移った伯庵の系統は、その後、会津藩士となり幕末まで続いていく。

本家として、先祖供養を行ったり、相伝の宝物を代々にわたって伝えていったりすることが、何よりも一族を代表する証となる。この点でいうと龍造寺家において大事だったのは、鎌倉幕府の御家人以来の歴史を伝える「龍造寺家文書」であろう。この「龍造寺家文書」によって、同家が鎌倉以来続く名家であることが証明されるのである。この龍造寺家にとって極めて重要な文書は、江戸時代以来、久保田村田家が所蔵し、現在にまで伝えられている。

多久安順像
（多久市郷土資料館蔵）

佐賀藩領図

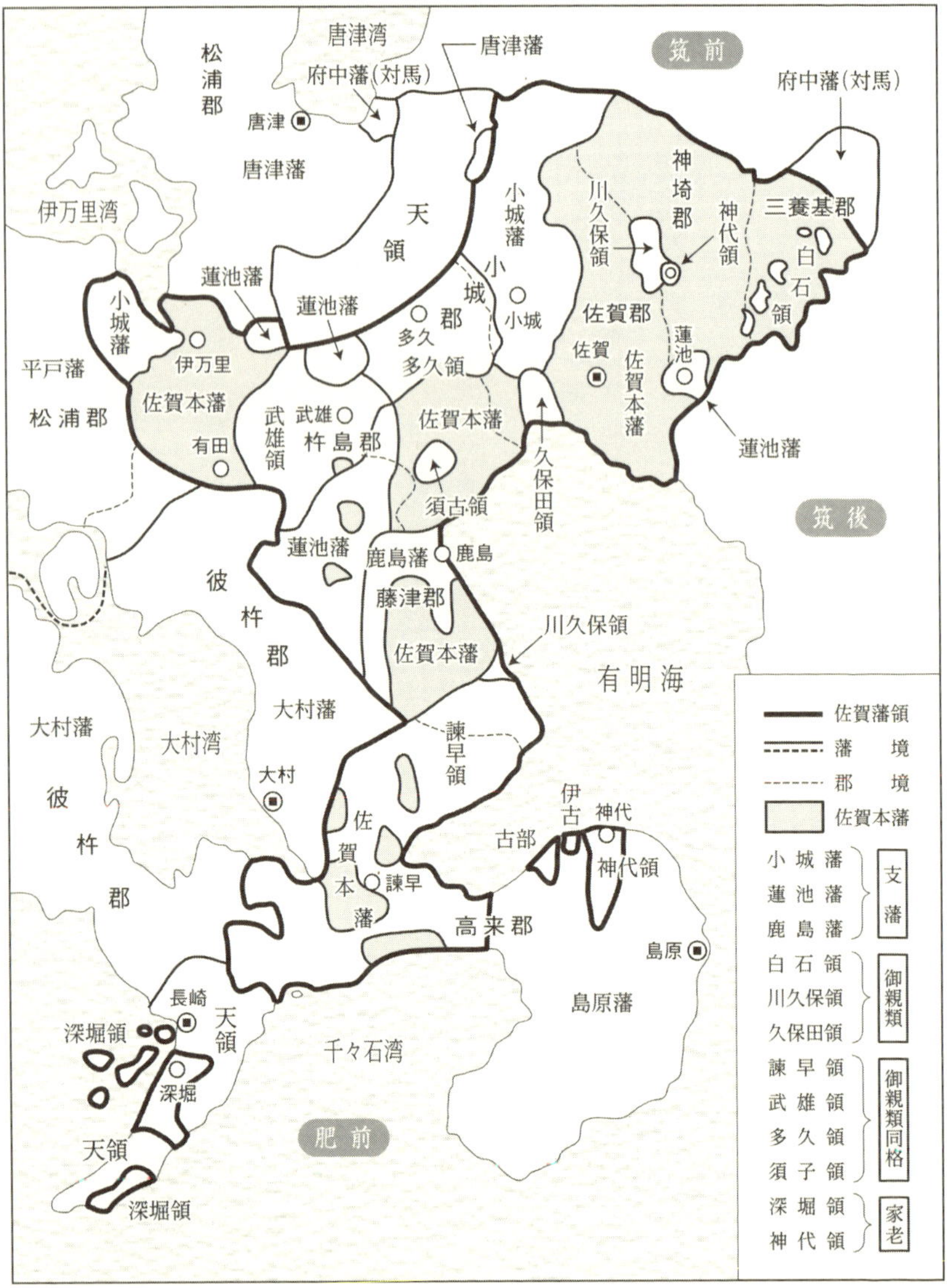

※(『佐賀藩』藤野保著/吉川弘文館)を参照。　　作図　曽根田栄夫

第二章 小城藩の成立と島原の乱

佐賀藩主鍋島勝茂の庶長子元茂を祖とする小城藩が成立する。

小城公園

① 小城鍋島家の成立

鍋島元茂は、父勝茂の長男であったが、母親の身分が低く、さらに徳川家との関係から、勝茂の後継者は、家康の孫となる弟忠直と決まる。元茂は佐賀藩を継ぐことはできなかった。

初代小城藩主鍋島元茂

小城藩の祖であり、初代当主である鍋島元茂は、関ヶ原の戦いから二年後の慶長七年（一六〇二）十月十二日、蓮池城内小曲《こまがり》の館にて誕生した。父は鍋島勝茂、母は勝茂の正室であった伊予国宇和島城主戸田勝隆の娘（天誉妙然大姉）に従っていた上臈《じょうろう》★で、小西三右衛門の娘お岩である。元茂は幼名を彦法師といったが、これは祖父直茂の幼名と同じであった。元茂は蓮池で誕生したため、産土神をこの地域にあった大堂神社（佐賀市諸富町）とし、小城藩では幕末に至るまで、同神社へ常夜灯料を献上している。また小城藩では、直茂が佐賀城下與賀神社（佐賀市与賀）と本庄神社（佐賀市本庄）にも常夜灯料を献上していたので、同じように幕末に至るまで両社に常夜灯料を献上している。

▼上臈
高級女官のこと。

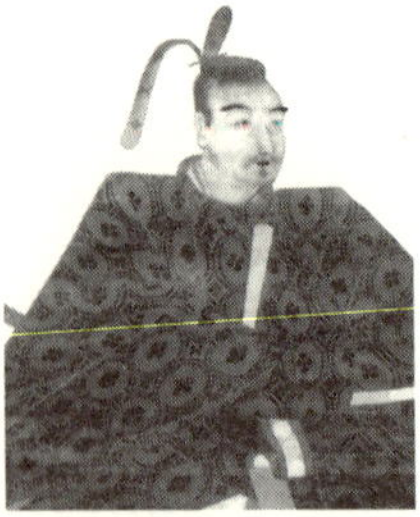
鍋島元茂像
（小城市立歴史資料館蔵）

元茂の産土神である大堂神社

承応三年（一六五四）十一月十一日、元茂は江戸において死去。亡骸は、勝茂の嫡男忠直死去時に同人が創建した江戸麻布の賢崇寺に葬られ、国許の宗智寺《そうちじ》（佐賀市多布施）にも分骨された。法名を祥光院月堂善珊とした。

嫡男としての元茂

大坂冬の陣直前の慶長十九年（一六一四）八月二十日、元茂は、江戸へ行き将軍秀忠へ御目見を果たしている。この御目見は、鍋島家の次期当主を徳川家へ披露するという意味もあったが、実質的には鍋島家の「証人」、つまり人質であった。ここでいう「証人」とは、特に一国を領有する国持大名家が、徳川家へ忠誠心を示すため、自発的に庶子を江戸へ置いたものであり、後に、幕府によって命じられ、証人奉行によって管理されることになる大名家の家老の子弟達が担った「証人」とは異なる。

勝茂もまた自身の子どもを江戸に置くことで、徳川家に対して背く意思がないことを示したのである。

元茂は、長男として誕生したため、当初は勝茂の後継者である嫡男として扱われた。元和二年（一六一六）十一月十三日付、龍造寺政家の二男村田安良《やすよし》（信清《のぶきよ》）・同三男忠次《ただつぐ》より勝茂に宛てられた起請文★には、「直茂・勝茂・元茂より聞いた

▼起請文
神仏に対して誓った文書のこと。

蓮池館下町絵図
（小城市立歴史資料館蔵）

ことは他言しません。元茂に対して野心・二心をいだきません」と誓っており、ここに慶長十八年生まれの忠直の名は出てこない。つまり、佐賀藩内では元茂が次期佐賀藩主として意識されていたのである。

嫡男から庶長子へ

もっとも、この時期の元茂は、その後の人生を変える大きな岐路に立っていた。それは、母の問題や弟忠直との関係である。

元茂が参府する以前、慶長八年（一六〇三）七月六日、元茂の母は蓮池にて死去している。まだ二十歳の若さであった。このため、二年後、父勝茂は、譜代大名岡部《おかべ》長盛《ながもり》★の娘茶々（高源院）を家康の養女として正室に迎えている。茶々の母親である岡部長盛の妻は家康の弟松平康元の娘であったため、茶々は家康の姪にあたる。もちろん、徳川家による国持大名との婚姻政策の一環であった。

同十八年、二人の間に忠直が誕生したことによって、元茂は、鍋島家の中でも微妙な立場となっていく。忠直は、家康にとっては孫にあたり、徳川・松平の血を引く存在なのである。忠直は元服すると、松平姓と秀忠の「忠」の一字を拝領するなど、あくまで擬制的にだが、松平一門として認められる。

関ヶ原の合戦では西軍に付いた負い目もある勝茂にとって、元茂と忠直、どち

▼岡部長盛
岡部家はもと駿河今川家、甲斐武田家に仕えた。武田家滅亡後、徳川家に仕え、小牧・長久手の戦いなどで数々の武勲を立てた。長盛は戦場で黒い甲冑を着ていたことから、「岡部の黒鬼」として恐れられたという。下総国山崎藩主となり、以後、丹波国亀山、同国福知山、美濃国大垣城主となり子宣勝の時、河内国岸和田藩主となり幕末を迎えた。

らを鍋島家の当主として徳川家へ奉公させるべきか。答えは、当然、徳川家と血縁関係のある忠直になる。

ただし、生まれた直後の忠直は、無事に育ってくれるかどうか、誰にも分からない。このため、鍋島家では、まだ乳幼児の忠直をすぐに嫡子として江戸に送

龍造寺・鍋島略系図

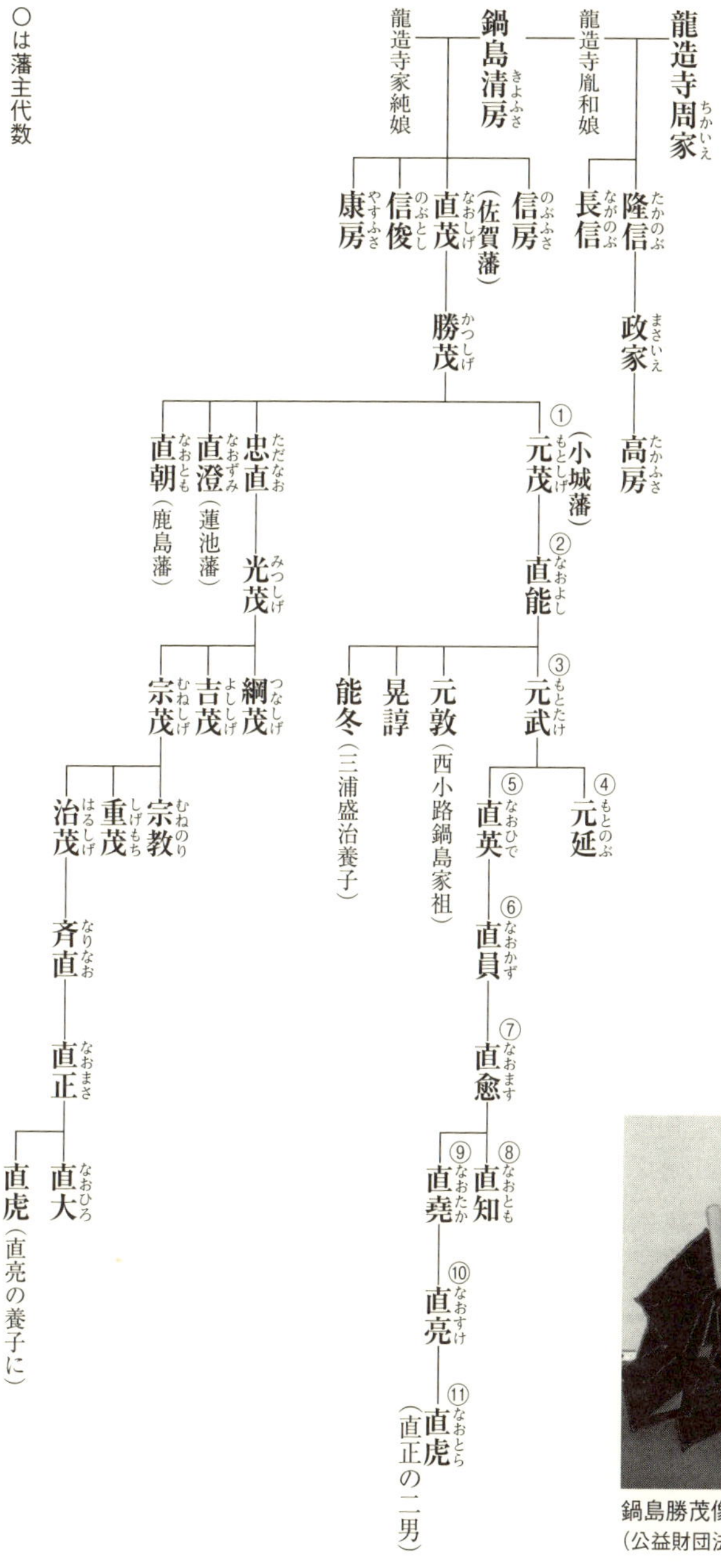

鍋島勝茂像
（公益財団法人鍋島報效会蔵）

り、将軍へ御目見をさせる訳にはいかないという事情があった。しかし、元和元年（一六一五）十一月十日に、勝茂と高源院の間にふたり目の男子である千熊《せんくま》（後に蓮池藩主となる鍋島直澄）が誕生したことによって、忠直に万が一のことがあった場合でも、千熊がいることになった。もちろん、ふたりとも早世してしまうとどうしようもないのだが、幸い、ふたりは無事に成長していった。

こうして忠直が次期当主となることが佐賀藩内で決まっていったのであろう。翌二年十月十七日、元茂は、鍋島家の一門であり家臣であった鍋島主水茂里《もんどしげさと》の娘仁王《にわ》と、江戸幸橋屋敷で結婚している。これは、徳川家との関係を密接にしたい鍋島家にとって、元茂は、幕府や他大名とは婚姻を行わないことを内外に示したものとなる。つまり元茂の立場は、鍋島家の次期当主となる嫡男から、長男でも家督を相続しない庶長子へと替わっていったのである。元茂十五歳の時であった。

② 小城藩領と大名としての格式

鍋島元茂は、江戸幕府の中では大名として遇された一方、
佐賀藩領内では本藩主の家臣という位置付けであった。
元茂は祖父直茂の隠居領を継承した。

元茂と忠直

元茂は、長男の自分ではなく弟が佐賀藩主となることについて、どのように考えていたのであろうか。忠直が佐賀藩主となれば、やがて頭を下げて家臣として仕えなければならないのである。

ふたりの間を一番気に病んでいたのが、直茂や勝茂であった。そもそも、直茂の隠居領を引き継いだこと自体、元茂の立場に配慮してのことであろう。元茂は元和三年（一六一七）に、直茂・勝茂宛で、忠直に対して「二心・野心」がない旨、誓詞を提出して誓っている。また寛永四年（一六二七）は忠直に対して起請文を出し、「二心・野心無く、粗略に扱うことはしません」と誓っている。こ

れに対して忠直も、「ただ今の書き物を謹んで拝見しました。いよいよ（元茂のことを）頼もしく思っております」、と兄への礼を欠かさず、謙虚な返事をしている。

勝茂は忠直に対しても、「兄弟で思い合うことが（鍋島家の）長久のもとである。たとえ気に入らないことがあっても三度までは我慢するように」と述べており、元茂を含めた他の兄弟との仲を心配した。

直茂や勝茂の心配をよそに、聡明な元茂は、忠直や自分の置かれた状況を恨んだり妬むことはなかった。「御家」という鍋島家の存続こそが大事だと考えていた。

『元茂公御年譜』によれば、寛永十二年正月、忠直が疱瘡のため二十三歳の若さで死去した際、まだ忠直の子光茂が四歳であったことから、将来に不安を感じた勝茂は五男の直澄を嫡子にしようとしたが、幕府から良い返事はもらえなかった。そこで勝茂は、佐賀藩を二分して、光茂と直澄をそれぞれの当主にしようと考えた。しかし、これに対して元茂と光茂の乳母小倉が、幕府の重鎮土井利勝を佐賀藩の屋敷へ招き、「これが忠直の忘れ形見です」と、まだ幼児の光茂を披露したため、利勝も「さてさてめでたきお世継ぎがおられるのですね」と述べたため、藩は二分されることなく光茂が勝茂の世継ぎとなることが決まった。

小城藩主の大名としての格式

江戸幕府における小城藩は、外様大名家であり、公称石高として幕府から認められているのは、七万三千二百五十二石余である。もっとも佐賀藩内では、物成高または定米高として、二万三百八十一石という数字も使われる。

江戸城中では、一万石（交代寄合《こうたいよりあい》を除く）★から十万石未満の外様大名の部屋である柳間に詰めた。本家である佐賀藩は一国、もしくは一国規模を領有する国持大名のため、詰める殿席は大広間であったから、本家と分家は別々の殿席《でんせき》であった。大名は、国持・城主・無城に分けられるが、小城藩は城を持つことが認められていない無城の家格である。

このため、国許で政治を行う藩の屋敷を公的には陣屋といい、小城藩では、桜岡館、桜岡屋敷、桜岡などと称した。

官位は、初御目見を済ませると、従五位下諸太夫を拝領した。名乗りは、代々、紀伊守、加賀守もしくは、飛騨守であった。加賀守と飛騨守は、鍋島直茂の名乗りであったが、元茂が直茂の隠居領と「家督」を引き継いだため、本家の佐賀藩ではなく、小城藩主代々の名乗りとなった。

▼交代寄合
石高が一万石未満の旗本ながら参勤交代を行うことで大名格として幕府から扱われた。山名、平野、生駒、本堂、戸川各家など。

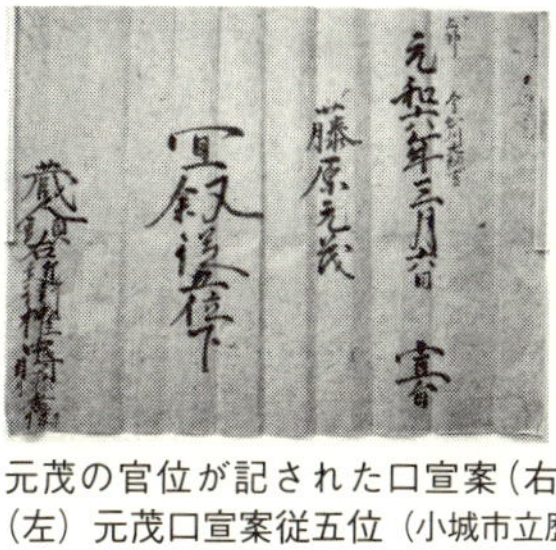
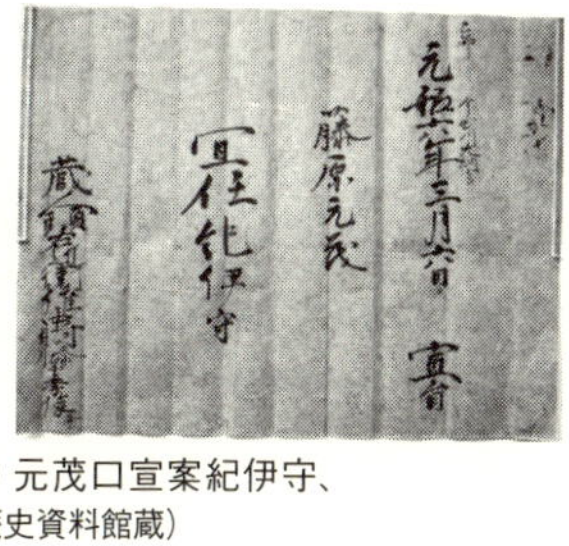
元茂の官位が記された口宣案（右）元茂口宣案紀伊守、（左）元茂口宣案従五位（小城市立歴史資料館蔵）

元茂の領地（小城藩領）

佐賀藩三十五万石を継ぎ、一国を領する国持大名となるはずであった元茂の身の上をことの外憐れんだのが、祖父直茂であった。すでに直茂は慶長十五年（一六一〇）に隠居して、佐賀城三の丸で隠居生活を送っていた。後に、城下多布施《たふせ》（佐賀市多布施）に隠居所を構えている。直茂は隠居をしていても、隠居領を持ち、自分に付属する家臣団を従えていたが、元和三年（一六一七）、元茂を養子にして、これらを譲り渡したのである。

江戸にいた元茂を国許へ呼び寄せた直茂は、自身の隠居領であった、佐賀郡本庄、多布施、藤木、六角村、郷司、小田村、小城郡乙柳、西川、神埼郡蒲田江、佐賀山、合計定米一万三百六十三石三斗を譲渡した。これにより、元茂は初めて自分の領地を持つことになった。元茂は佐賀藩である本家とは分かれて「家」を構えることになったのである。直茂の隠居領であった本庄の地は、鍋島家にとって、戦国時代、龍造寺家から与えられた特別な土地であり、また多布施や藤木も、佐賀城に近く、元茂を優遇しての分地であった。元茂が本家を継げなかったという恨みを持ち、御家騒動にならないための配慮でもあった。

同年十二月、さらに勝茂から、元茂に小城郡芦刈、杵島郡佐留志、山口、大町、

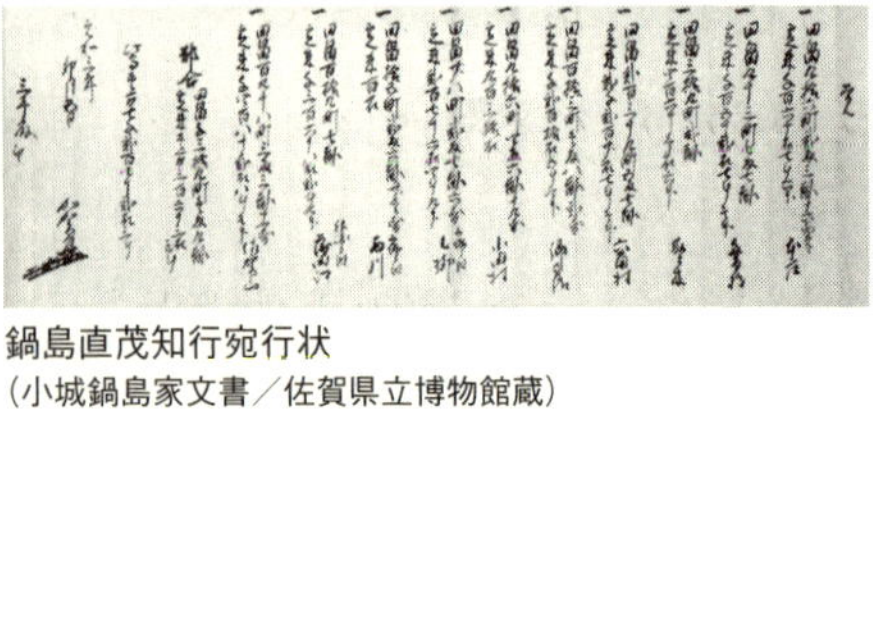

鍋島直茂知行宛行状
（小城鍋島家文書／佐賀県立博物館蔵）

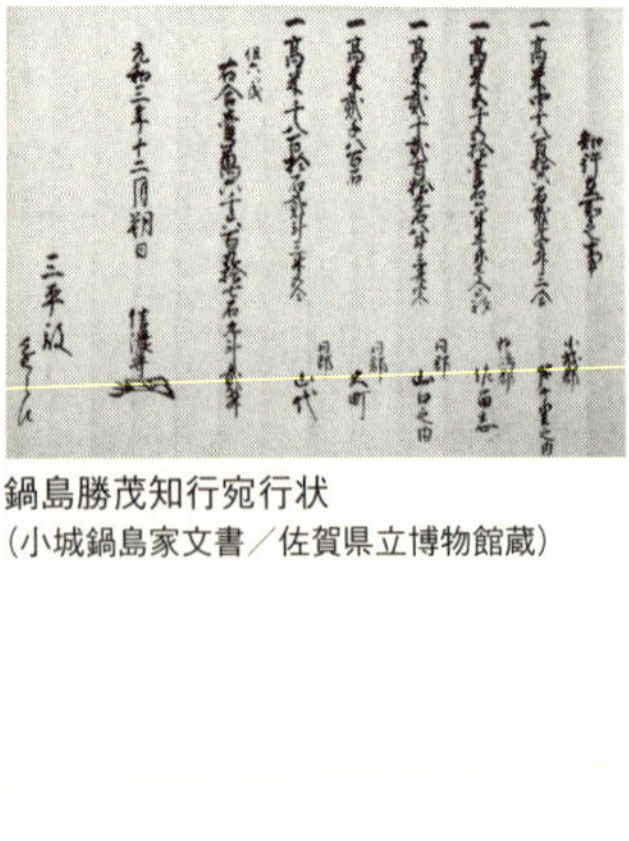

鍋島勝茂知行宛行状
（小城鍋島家文書／佐賀県立博物館蔵）

山代、合計定米一万一八石を与えられた。寛永三年（一六二六）には、直茂の妻で元茂にとっては祖母にあたる陽泰院《ようたいいん》から、その領地である佐賀郡与賀郷飯盛村三百石を譲られている。

このようにして成立した元茂の領地は、右に見てきたように、当初領内で分散していた。こうした領地だと、年貢の収納や家臣へ知行を与える際に不便であり、まとまっていた方が便利である。そこで、元茂は、父勝茂に対して「小城郡一職」＝小城郡一帯にまとめてもらいたいと願い、許可された。これもまた、元茂に対する優遇の結果である。

こうして元茂・小城藩の領地が形成され、石高七万三千石が確定し、江戸時代を通して、変わることはなかった。なお、元茂一代のみだが、このほかにも、幕府から米千俵を拝領している。

山代と山内

小城藩領は、元茂の願い通り、小城郡を中心として、北は山岳地帯で福岡藩と境を接する山内地域（小城郡、佐賀郡の一部）から、南は有明海《ありあけかい》に面した芦刈《あしかり》まで、地続きの所領となったが、同郡に接していない杵島郡山代《きしまぐんやましろ》（寛文八年〔一六六八〕より松浦郡となる）も小城藩領となった。こうした所領のことを飛地という。

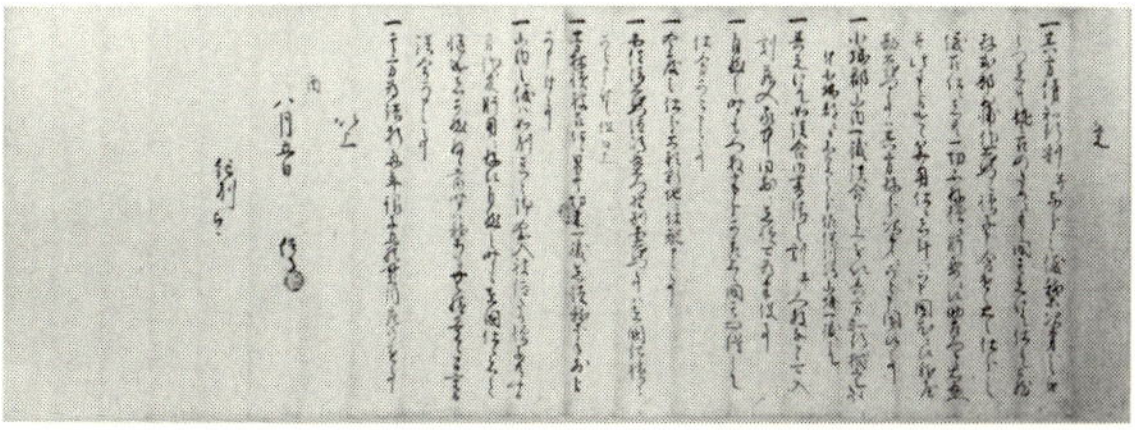

鍋島勝茂・元茂知行覚書（小城鍋島家文書／佐賀県立博物館蔵）

山代は、伊万里《いまり》湾の西部に位置し、船で玄界灘《げんかいなだ》へ出て行くことが可能であり、平戸藩松浦《まつら》家領と境を接している。山代は小城藩士田尻氏の知行地であったが、鉄砲組である山代足軽が置かれた。山代では小城藩の郡代による支配のほか、行政の管轄事案によっては佐賀藩による支配が行われる場合もあった。

なお、山内《さんない》にも山内足軽が置かれた。これは山代同様、山内もまた福岡藩黒田家領と境を接している特別な地域であったためである。また、佐賀藩では戦国時代以来、山内を本拠としていた神代《くましろ》氏を川久保へ移すとともに、藩の直轄地としていた。山内地方は、文政十三年（一八三〇）の調査では、人口約四六〇〇人、地米三千百十五石となっている。

③小城藩の家臣達

小城藩の家臣はもともと鍋島・直茂に仕えていた「譜代」であった。
彼らは江戸時代を通して「譜代」であることを誇りとした。
小城藩には佐賀藩から付家老が派遣されていた。

骨切り侍

直茂・勝茂から元茂へは、領地だけでなく、家臣団も譲り渡された。中世以来、佐賀に土着していた龍造寺家およびこれを引き継いだ鍋島家では、徳川一門の家門大名や譜代大名のように、分家を創っても全国から新参の侍を新たに雇い入れるということはあまりせず、龍造寺家に仕えていた譜代の家臣や、その二男、三男を新たに取り立てて付属していったところに旧族居付大名としての鍋島家の特徴がある。

もともと、幼少の元茂へは、直茂や勝茂の側近として活躍していた持永茂成《もちながしげなり》や勝屋《かつや》茂為《しげため》などが付けられていた。特に隠居をしていた直茂から譲られた家臣団は、戦国時代に直茂と数多くの戦陣をくぐり抜けて生死をともにしてきた者達が多かった。こうした苦労を重ねてきた家臣達を骨切り侍と呼んだ。

　武士道書として有名な『葉隠』には、編者山本常朝《やまもとじょうちょう》の父神右衛門《じんえもん》の話として、「小城御家中は直茂公のお頼み切りの衆にて候、追腹数人、其の後も段々相果て、昔の衆漸く半分生き残り申し候、此の半分は殿様御家中残らずとくらべ候ても、中々及ぶまじく」と、今、直茂「お頼み切りの衆」（小城藩の家臣）は半分くらいしか生き残っていないが、それでも彼らと佐賀藩士全員を比べてみても、佐賀藩士が勝つことはできないだろうというのである。

八三士と七七士

　隠居付であった直茂の家臣は、広義の意味では佐賀藩の家臣であろうが、狭義の意味では新藩主勝茂の家臣ではなく、あくまで心情的につながった直茂の家臣であった。

　こうした直茂付の家臣団を元茂は譲られた訳だが、元茂家臣団の内訳は、元茂幼少時から従っていた侍のほか、肥前の豪族であった馬場家や小田家の家臣、さらに小城藩の身分で侍の下に位置する小頭《こがしら》・徒士《かち》なども含まれた。

　もっとも、小城藩では、享保期（一七一六～一七三六）以降になると、直茂から譲られた家臣が八三人だったとして、これを「八三士」と呼び、同じく勝茂から

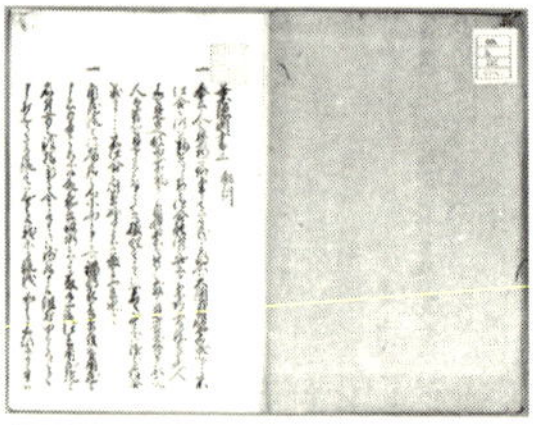
葉隠（佐賀大学附属図書館蔵）

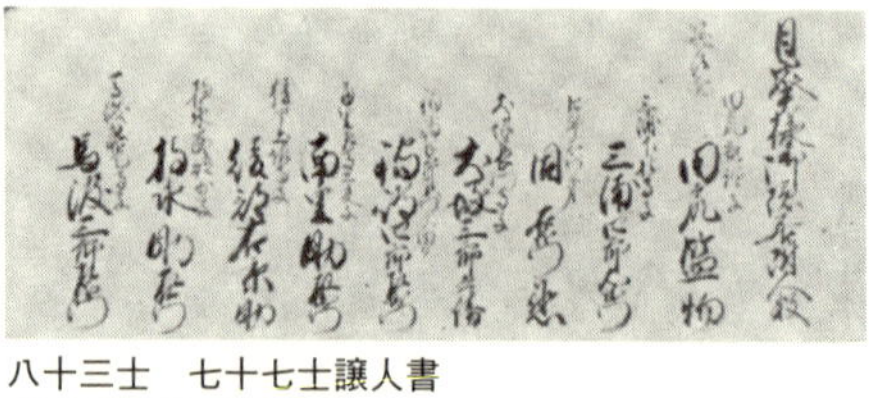
八十三士　七十七士譲人書
（佐賀大学附属図書館蔵）

が七七人だったとして、これを「七七士」と呼び、その由緒を重視して他の家臣と区別した。現実には、付属された当初の家臣達は、いったん元茂の付属となっても、後に本家（佐賀藩）へ戻ったり、または絶家となったりしてしまうなど流動的であった。「八三士」や「七七士」は、小城藩の「正史」として寛政十二年（一八〇〇）に完成した「元茂公御年譜」などにも記載されている。しかし三代藩主鍋島元武《もとたけ》時代に作成された「御家中由緒書」（小城鍋島文庫）には、「八三士」「七七士」などの語は一言も書かれておらず、さらに「八三士」では筆頭にあげられる田尻氏の項目では、「泰盛院様御代、月堂様（元茂）ニ相附」られると書かれており、勝茂の時代に元茂（月堂）へ付属になったという認識であり、直茂から譲られたとは書かれていない。これが十七世紀の状況であった。

「八三士」や「七七士」という家臣団の先祖は、直茂や勝茂から譲られた家臣であることは間違いない。しかし、十八世紀は、過去が強く意識された時代でもある。小城藩でも例外ではなく、藩政初期の由緒が強く意識される中で、「八三士」や「七七士」という由緒が創られていくことになる。武士が「家」を存続させていくことは意外と難しく、罪を犯してしまうなどして、「家」が断絶してしまうこともけっして珍しいことではなかった。「八三士」や「七七士」は家が絶えることなく続いていた家臣の中から逆算して創り出された数字であり、実際に直茂付が八三人であったり、勝茂から譲られたのが七七人という訳ではなく、当時の家臣団の実数を示すものでもなかった。

付家老制

元茂は、多くを江戸で過ごしたことから、国許での所領支配は、父勝茂が最も深く信頼を置く側近で佐賀藩政を担う一人であった鍋島（姉川・坊所）生三《しょうさん》（道虎《みちとら》）が関与したほか、元和四年（一六一八）九月には、鍋島（倉町）貞村《さだむら》が付家老として配属されている。貞村は、徳川家の御三家である尾張徳川家に付けられた成瀬家、竹腰家、紀伊徳川家に付けられた安藤家、水野家、水戸徳川家に付けられた中山家のような付家老的存在であり、所属はあくまで佐賀藩だが、元茂付きとして小城藩政に深く関与し、本家の意思を反映できるようにしていたのである。

この点は戦時においても同様であり、例えば、貞村は、島原の乱では小城藩の軍団編成上、先陣にいて、人数二五六人が配置されており、極めて重要な位置を占めた。もっとも、付家老制は、万治三年（一六六〇）二月、貞村の息子直広が死去したことによって廃止されている。

付家老の特徴は、単なる役職として小城藩政を統括するのではなく、親族として元茂を後見するという側面も持っていたことである。元茂は、妹の乙成《おとなり》を養女として、直広に嫁がせて親族となっている。さらに、貞村の娘は小城藩の大身家臣であった田尻昌種に嫁ぎ、同じく貞村の三男時久は、小城藩士千手五郎左衛門の養子となり外記《げき》を名乗っている。また、直弘と乙成の子能豊《よしとよ》も小城藩士西三郎兵衛の養子となるなど、上層家臣団を組み込んだ親類層を創り出していた。こうした親族が藩政を後見するのは、江戸時代の特徴でもある。

龍造寺・鍋島一門のいない小城藩家臣団

元茂に付けられた家臣の特徴として、中世から続く龍造寺一門や鍋島一門があまりいないことがあげられる。龍造寺一族は、慶長年間頃（一五九六〜一六一五）に鍋島家をはばかり、全員が他姓に改め、その多くは佐賀藩に残ったか、多久・諫早・武雄・須古といった龍造寺四家の家臣となっていった。

鍋島一門についても、本来、佐賀藩に属している付家老の鍋島貞村を除いて、小城藩の中で鍋島姓を名乗っていたのは、鍋島五郎左衛門や鍋島四郎左衛門茂益のみである。鍋島五郎左衛門の父千手久雲《せんじゅきゅううん》は、もと筑前国の武士で槍や剣術の使い手であった。鍋島直茂に仕え、鍋島貞村の弟五郎左衛門を養子としていたため、五郎左衛門の代に鍋島姓を拝領した。もともと千石の知行地を有していたが、度重なる上地★で二百十三石となっていた。五郎左衛門は、平時には山内代官となり、戦時には、島原の乱において小城藩が出陣した際、小城藩士持永右衛門佐、

▼**上地**
土地・所領を藩に返還・差し出すこと。

南里権右衛門とともに、大組★を担ったが、戦死してしまった。子の勘解由《かげゆ》は付家老鍋島貞村の娘を妻にするなど、鍋島一門に準じる扱いを受けた。しかし、もともと他姓で鍋島姓を名乗っている者が悪事を働いた時に鍋島家自体の悪名となってしまうことを危惧した勝茂が、鍋島姓を名乗ることを禁止したため、もとの千手に戻った。鍋島四郎左衛門茂益は、曽祖父が鍋島清久の長男清泰であることから、鍋島一族であったが、子の定雄の時に名字を本庄《ほんじょう》と改めている。

こうした状況は、明らかに祖父直茂や父勝茂の意向があったものと考えられる。新しく「家」を創設した若き元茂にとって、旧来の権威である龍造寺一門や、親族として密接な関係を持っている鍋島一門といった、いわば藩内の重鎮がいては、藩主としての権力を確立し藩政を円滑に進めていくことができないという判断があったのかもしれない。

中世の系譜を引く家臣達

小城藩には、中世において、肥前国内外の伝統的権威でもあった「家」の子孫が配属されている。例えば、室町幕府の九州探題で足利一門でもあった渋川（探題）氏、同じく九州探題であった今川了俊の養子仲秋《なかあき》を祖とする持永氏、北部九州各国で守護に任じられた少弐氏を祖とする横岳《よこたけ》氏・関氏といった子孫がいた。

▼大組
各組（小組）をまとめた組のこと。

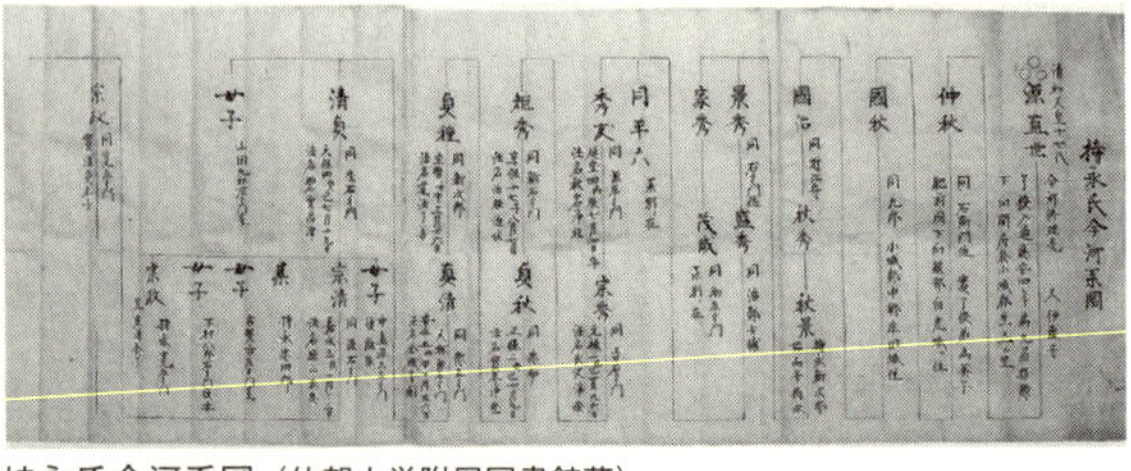

持永氏今河系図（佐賀大学附属図書館蔵）

少弐氏を自称する鍋島氏にとって、中世以来の伝統的権威に連なる家は、たとえ家臣であっても、なるべく鍋島本家から離しておきたかったのかもしれない。

また小城藩士には、筑後国の領主であった田尻氏・星野氏・大木氏や、肥前国内でも神埼郡内に割拠した直鳥《なおとり》城の直鳥犬塚氏、崎村《さきむら》城の東犬塚氏、蒲田江《かまたえ》城の西犬塚氏の子孫（三犬塚氏）がいた。東犬塚家広は、近世初期には物成千六百十石を知行していたが、三部上知★や分地などにより知行を減らし、曽孫舎人貞忠《さだただ》の代には物成★三百六十石となっていた。西犬塚氏尚重《なおしげ》には龍造寺隆信の姉が嫁ぎ、子茂続《しげつぐ》には子がいなかったため、隆信の子政家の息子茂尚が養子に入っている。

さらに小城郡芦刈の領主であった鴨打《かもち》氏など、一郡から数郡規模を治めるか、もしくは一城の主であった、いわゆる国人領主★の子孫が目立つ。これは戦国時代に龍造寺家の家老として活躍していた直茂が龍造寺家による筑後攻略の中心的な役割を果たしたことと、隆信の戦死後、その子政家の依頼により佐賀へ移るまで、柳川城や蓮池城に居るなど、筑後との結び付きが深かったことが理由としてあげられる。こうした背景から、もともと筑後にいて龍造寺家に属していた武士達は、個人的な情義によって直茂の隠居後も付き従っており、やがて領地とともに元茂へ譲られていった。

▼三部上知
佐賀藩では、藩の直轄領（蔵入地）を増やすため、慶長十五年、天和七年の二回にわたって全家臣団を対象に、その知行地の三割を藩へ差し出すように命じた。これによって諫早、多久、武雄、須古の龍造寺四家は大幅に知行地を減らした。

▼物成
佐賀藩では家臣団の石高表示を、慶長総検地から物成高表示となり、かつ知行高表示は五ツ成を原則とした。したがって、五ツ成であれば、知行高百石＝物成高（定米）五十石となる。

▼国人領主
在地性の強い領主層のことで、国衆とも呼ばれる。

④ 江戸幕府と小城藩の関係

鍋島元茂は諸芸に秀でた才能を持っていたが、特に剣術は将軍徳川家光の兵法指南役となった。「大名」としての元茂はまだ父勝茂の庶子分としての扱いを受けていた。幕府内での元茂は他の大名と異なり、あくまで勝茂の庶子としての扱いであった。

直茂の遺言

元茂の祖父直茂は、元和三年（一六一七）十月頃より、耳の後ろにできた傷が悪化し体力も衰え始めた。一時は回復したものの、翌年になると、食事も取れない状態となっていた。このため勝茂は、とにかく治してくれる医者を探すようにと上方へ家臣を派遣して、京にいた医師慶祐《けいゆう》を佐賀へ下らせていた。しかし、六月三日、八十一歳で死去した。鍋島家の菩提寺《ぼだいじ》高伝寺《こうでんじ》に葬られるとともに、遺言により隠居地多布施に宗智寺を創建し同寺にも分骨された。

元茂は、当時、江戸にいたため、直茂の死に目に会えなかった。死去直後、鍋島生三へ宛てた書状の中で、「直茂が死去したことについて力も出ず、途方に暮

佐賀藩の菩提寺高伝寺（佐賀市）

れています」と深い悲しみを述べている（『佐賀県史料集成』十二巻）。直茂の死去により家臣一三人が追腹をした。

直茂は死去するにあたり遺言を残している。遺言は、元茂に関することだけではなく、例えば忠直は「惣領」なので家臣達は奉公すること、当時「三ノ丸」と総称された直茂の妻陽泰院《ようたいいん》を大事にすることなど、一八項目にわたった。この内、江戸にいた元茂が自身に関係することとして国許から聞いたのは、次の三カ条であった（『佐賀県史料集成』十二巻）。

一、忠直と元茂の関係。

一、直茂が幕府の本多正純に対して述べたことについて、勝茂へも御礼をすること。

一、勝茂から新しく拝領した知行地一万石からは四年から五年間、出費をせず、もともとの蔵入地にて江戸と国許の費用を調えるように。

一カ条目の弟忠直との関係については、直茂も非常に気にしており、兄でありながら佐賀藩を継げなかった元茂のことを気遣ってのことであろう。こうした周囲の人の気遣いを含めた現状を、元茂が一番理解していた。

次の二カ条目は、もともと直茂は正純の父正信の時から幕府向きのことについて相談していたが、今回、正純のもとへ遺言状を送っていた。その内容は、勝茂が正純のおかげで将軍への奉公が続いていることの御礼とともに、元茂について

鍋島忠直木像
（高伝寺蔵）

も「若輩者ですが、万事、気にかけてください」と頼んでおり、このことを勝茂に対してもかたじけなく思っていることを言いなさい、と直茂は言っているのである。

三カ条目は、元茂の財政について気遣っている。この点、勝茂も小城藩の財政状況を気遣っており、年貢の帳面をはじめ、元茂の家臣の借銀までもチェックしており、「元茂の財政が続かないようでは、直茂の遺言と違ってしまうので困る」とまで述べて心配していた（『佐賀県史料集成』一二巻）。

小城藩は直茂の隠居領を引き継いで成立したが、直茂の死後、年忌法要は、本家である佐賀藩が鍋島家の菩提寺である高伝寺で行った。直茂は本家の佐賀藩が独占する祖先であり、たとえ隠居領を引き継いだとはいえ、分家の小城藩が祖先祭祀を公的に行うことは控えなければならなかった。直茂が苦労して成立させた鍋島系佐賀藩を継承したのは勝茂であり、以降、光茂、綱茂と受け継いだのであるから、本家が直茂を祖先祭祀の対象とすることは当然のことであった。

元茂と柳生宗矩

元茂は、父勝茂とともに、剣術を柳生新陰流の柳生宗矩《むねのり》★のもとで学んでいる。

▼柳生宗矩
剣聖とも呼ばれ、新陰流の祖となった上泉信綱から新陰流の印可を受けた父柳生宗厳（むねよし）とともに家康に仕え、続く二代将軍秀忠・三代将軍家光の兵法指南役も務め、紫衣（しえ）事件でも有名な沢庵（たくあん）とも交流する中で、新陰流を単なる剣術だけではなく、思想面においても補強して、柳生家を将軍の剣術師範家として確立させた。宗矩は家光からは厚い信頼を受け、剣術の実技面ばかりでなく、心技面についても、たびたび下問を受けている。

もっとも剣術というと、剣を持ち個人対個人で戦ったり、試合を行うというイメージがあるかもしれない。

しかし、宗矩の剣術は、新陰流の基本的かつ体系的な伝書『兵法家伝書』で、「大軍を引きて合戦して勝つと、立相の兵法と、かはるべからず」と、述べているように、将たる者が学ぶべき兵法にまで昇華したところに特徴がある。

元茂は、元和二年（一六一六）、新陰流の門をたたき、宗矩の門弟となり、熱心に稽古に励んだ。元茂自身、剣術の素質もあり、めきめきと上達し、同四年十一月には、宗矩から「見之巻」「観之巻」「切合極意」三巻の書を授けられた。これは宗矩が授けた兵法伝書の最初のものとされている。さらに同六年、五十歳の宗矩が十七歳になった家光の兵法指南役になると、御相伴の徳川頼宣《よりのぶ》（紀伊徳川家）のほか、打ち太刀役として木村助九郎友重★とともに二十歳の元茂が選ばれた。おそらく宗矩の推挙によるものと思われる。

家光の打ち太刀役

『元茂公御年譜』に記載されている逸話として、ある時、家光は宗矩へ、元茂の太刀を無刀で取ることができるかと尋ねた。無刀取りは、宗矩の父宗厳が家光の祖父家康へ披露したことで柳生新陰流が認められ、家康から指南役を望まれた

柳生宗矩像（芳徳寺蔵）

柳生光厳を祀る武正社

▼**木村助九郎友重**
大和国出身で柳生宗矩に師事した。家光の命で徳川忠長に仕え、死後は徳川頼宣に仕えた。著書に「兵法聞書」がある。

が、老齢であったため代わりに宗矩が召し抱えられた、いわば由緒ある技であった。

家光の所望ということもあって、宗矩は元茂と立ち会い、元茂が振りかざした太刀を宗矩は無刀で取った。これを見ていた家光も、「今、元茂の打ち太刀を無刀で取れる者は宗矩のほかにはいないだろう」と褒めるとともに、「宗矩の次に並ぶ天下の達人は元茂しかいないだろう」と言ったという。

元茂もまた家光からたびたび下問を受けたが、同じく『元茂公御年譜』によれば、ある時、家光から、木村とともに兵法をどのように勝利するか書き立てにして提出するように命じられた。木村は奉書紙三枚にして長々書き連ねたが、元茂は、「善ト思悪シ、悪ト思悪シ、善悪トモ悪シ、不思善シ」とだけ書いて提出した。これには家光も感じ入るところがあり、扇に兵法の意味を書いて元茂へ下賜したという。こうした元茂に対して家光は同人が一生の間、千俵の米を与えている。『元茂公御年譜』は、これは元茂が打ち太刀役を務めたためとする。元茂は幕府から直接、領地を拝領しておらず、本来幕府へ奉公する立場ではない大名（勝茂）の庶子分でありながらも特別に将軍と主従関係を持つことが認められて大名扱いを受ける部屋住格扱いの大名であった。しかし千俵という大名身分にとっては少量であっても、将軍から直接拝領することは、元茂にとって将軍と主従関係がより深まることを意味した。

徳川家光像写
（東京大学史料編纂蔵）

小城藩における新陰流は西小路鍋島家が継承していたが、江戸時代後期、天保三年（一八三二）に佐賀藩からの問い合わせに答えたところでは、小城藩内で門弟を取り新陰流の稽古に励んでいたのは、小城藩士横尾旧右衛門であった（小城藩「日記」）。小城藩では、寛政年間（一七八九〜一八〇一）に柳生宗矩を鍋島元茂を祀った岡山神社内に玉成社《ぎょくせいしゃ》として祀っている。

幕府との関係

寛永元年（一六二四）と同五年に、父勝茂が幕府から大坂城普請役を命じられると、小城藩からも人数を出して務めている。この時期は、佐賀藩・小城藩それぞれが別々に公儀奉公を行うのではなく、務めるべき佐賀藩が命じられると、小城藩も一緒になって務めた。

公儀役ではないが、例えば寛永十八年に幕府が編纂した『寛永諸家系図伝』では、勝茂は幕府へ九州では名門の少弐氏から連なる系図を提出した。一方、元茂が単独で系図を提出することはなかった。

こうした幕府内における元茂の立場をあらわしているのが、話は前後するが、同九年正月二十四日に二代将軍徳川秀忠が死去した際、勝茂へは遺産として銀五千枚の拝領があったが、元茂には何もなかった（「東武実録」）。また寛永十九年に、

徳川秀忠像写
（東京大学史料編纂蔵）

幕府から命じられた長崎警備も、あくまで佐賀藩主が命じられて果たす軍役の中で、三家（小城・蓮池・鹿島各鍋島家）もまた、佐賀藩に命じられて務めを果たしていく。つまり、勝茂の庶子である元茂と幕府との関係は、父勝茂とは異なっているということである。十七世紀の段階では、あくまで将軍への奉公を公的に果たすべき存在は勝茂なのである。

このため、江戸城の普請役をはじめ、小城藩のような十万石未満の外様大名が通常命じられる江戸城門番役や京都から江戸へ下ってくる公家衆馳走役などの公儀役を元茂は命じられていない。唯一の事例は、承応三年（一六五四）四月に、炎上した京都内裏再建のため、上納金の提出を命じられたことがある。

公儀役を命じられるのは、三代藩主元武の時代の元禄六年（一六九三）からである。公儀役を直接命じられないということは、当然だが幕府・将軍への奉公を公的には行っていないということである。つまり、公儀役を直接命じられて果たす者こそ、将軍の直接の家臣（直臣）であり、それが寛永十二年の家光による武家諸法度の公布以降に定まっていく一万石以上を領有するという条件と合わせて、大名であるということになる。また、江戸時代は、幕府が開催する江戸城内で行われる年始、八朔★をはじめとする各種年中行事（柳営儀礼）へ参加できるかどうかもまた、参加者の格式をあらわすこととなった。

これら大名としての条件は、通常の藩・大名家であれば、公儀役を命じられて

▼八朔
陰暦八月一日に日頃恩顧を受けている主家に進物を贈り関係を深める行事。江戸幕府では、徳川家康が江戸城へ入城したのが八月一日とされたことから、特別な行事とされた。武家身分については、三千石以上の旗本から大名までが江戸城へ総登城して、将軍へ太刀・馬代を献上した。

一万石以上を将軍から拝領し年中行事にも参加できたことから当たり前すぎて見えにくいのであるが、小城藩は大名の庶子という特別な立場からスタートしたために、逆に見ることができる。

内分大名

江戸時代を通して、元茂をはじめとする小城藩の歴代藩主は、将軍から領地を安堵されたことを示す領知朱印状を拝領することはなかった。それは小城藩が、あくまで佐賀藩から土地を分け与えられた分家であり、その石高七万三千二百石も、佐賀藩三十五万七千石の石高の内に含まれる存在として将軍家も理解していたからである。こうした分家のことを内分分家という。なお、本家から土地を分与されながらも将軍から領知朱印状を拝領する分家を別朱印分家といった。この場合は、本家の石高が、分家の石高分減少することになる。

もっとも、内分であっても、その石高は幕府も内々にだが公認している。だからこそ、幕府は一万石以上を有している大名として扱い、また石高に応じた公儀役をかけており、幕府内で小城藩主の格式を定めるひとつの基準となった。

小城家の大名化

近年、幕府が大名を一万石以上を有する将軍の直臣という基準を用いるのは、寛永十二年（一六三五）の武家諸法度公布以降であることが指摘されている。本来、大名とは一国もしくは一国規模を領する国持大名のことを指していた。佐賀藩鍋島家も肥前一国規模を領する国持大名である。

近世の武家社会に詳しい福田千鶴氏は、江戸時代初めの武家領主層について、大名以外、小名の存在を指摘する。小名とは、国持大名よりも下の階層で、城主・領主・邑主・城主の嫡子などであった。また中世において一郡か数郡規模の所領を持っていた国人領主も、豊臣秀吉や徳川家康・秀忠親子に臣従して直接の家臣（直臣）として仕えていた。したがって江戸時代の初めから、領地が一万石以上であれば大名であったというのは、当時の実情とは異なっており、あくまで後世の大名に対する概念を江戸時代初めにも当てはめたものに過ぎない。

では直茂や勝茂をはじめ、忠直や光茂のような、大名の嫡子・嫡孫とは違い、勝茂の庶子であり、なおかつ土地も勝茂から分け与えられた元茂やその後の小城藩主は、どのように大名になっていくのだろうか。

大名である勝茂の子ども達は、将来佐賀藩主となる嫡子と、分家や家臣となったり、他家の養子となる庶子に分けられる。勝茂は元茂に対して、「江戸での（将軍への）奉公にあきたならば帰国しなさい」と言っているが、これは、元茂の在江戸が勝茂の意向次第であることを示している。元茂が庶子だからこそ言えることでもある。

それでは幕府内における元茂は、どのように将軍との関係を築いていったのであろうか。主君と家臣の関係においてまず行うのが、御目見という対面儀礼である。大名身分にとっての御目見として代表的なのは、将軍に対して初めて行う初御目見と、毎月一日、十五日、二十八日、江戸城へ登城をして御目見を果たす月《つき》次《なみ》御目見がある。元茂は、初御目見を慶長十九年（一六一四）八月に済ませている。月次御目見については、すでに、元和七年（一六二一）十二月に作成した「願書」において、「月次御目見ができますように」と願っており、同年には月次御目見を行っていたことが確認できる。月次御目見の意味について、御目見をする者にとっては、将軍と主従関係があることはもちろん、この関係性が安定していることを示す、極めて重要な儀礼であった。大名家の家老なども将軍へ臨時に御目見をすることもあるが、この身分格式では、月次御目見はできない。できるのはあくまで幕府が将軍の家臣と認める者に限られていた。

幕府年中行事への参加

幕府は一年を通してそれぞれの季節における儀式・儀礼を行ったが、身分格式に応じて参加を認めたところに幕府年中行事の特徴がある。

元茂の場合、父勝茂が佐賀藩主＝大名であった時には、その嫡子・嫡孫であった忠直や光茂と同様、正月の年始、八月一日の八朔《はっさく》などに参加をしていた。元茂にとっては、こうした儀礼に他の諸大名とともに参加をすることで、自分も周りと同じ身分格式であることを確認していくのである。また、江戸時代初めは、まだ幕府と外様大名、特に一国規模を有し、もともと豊臣時代には徳川家と肩を並べる存在であった国持大名との関係が安定していなかったため、幕府も、国持大名である佐賀藩を優遇するために、本来、参加資格のない庶子であっても特別に参加することを許可していた。

しかし、幕府は慶安元年（一六四八）以降、年中儀礼において、嫡子と庶子の区別を明確にし始める。これは、三代将軍家光の時代になって、幕府と国持大名の関係も安定してきたことによる。

本来、元茂は庶子であるから、参加する資格はなかったが、家康や秀忠の時代は、幕府による優遇策の一環として参加が認められていた。しかし、三代将軍家

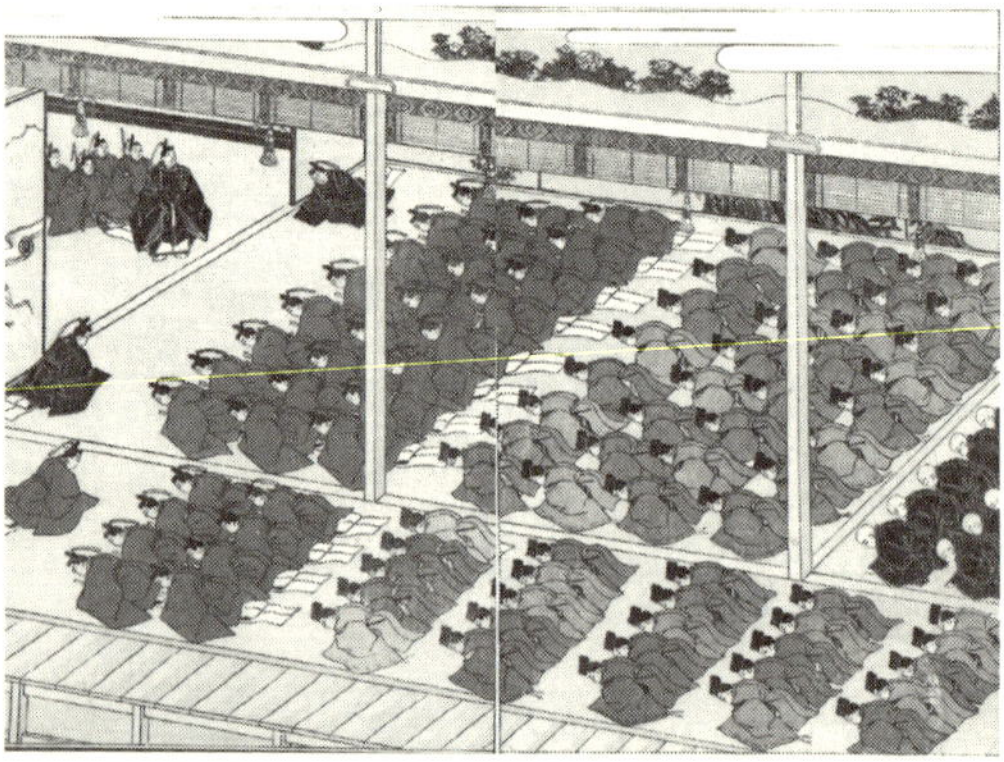

将軍宣下の図『徳川盛世録』（岡崎市立中央図書館蔵）

光の時代になると、佐賀藩の分家・庶子分であった小城藩主も、次第に優遇されることはなくなり、一部の幕府儀礼に参加ができなくなっていった。

もっとも、その一部というのが大名の身分格式をあらわす極めて重要な儀礼であった。それは幕府年中行事の中でも最大かつ重要な儀礼であった、年始と八朔、さらに、将軍から御内書という文書を拝領する三節句（端午★・重陽★・歳暮★）であった。年始はすべての大名が参加し、八朔も「三千石以上」の旗本や大名が総登城する幕府最大の年中行事であった。三節句は、大名が呉服を将軍へ献上し、これに対する将軍の「お礼状」として御内書★が発給された。将軍から定期的に御内書を拝領できるということは、領知朱印状を拝領できない小城藩にとって、将軍と主従関係があることを示す極めて重要な意味を持っていた。

これらの儀礼に小城藩主は参加ができなくなっていたのである。幕府の年中行事は、参加・献上する者にとって、自分がどの格式なのかを幕府から認めてもらう重要な儀礼の場であり、小城藩主にとっては、参加・献上できる格式＝大名であることを示すことになる。

幕府は順次、儀礼および参加者の資格を整えていき、十七世紀中頃から後半にかけて、大名身分と儀礼を連動させて、三節句に参加・献上できるのは一万石以上の大名としていった。こうした中で、元茂の子で小城藩二代藩主となった直能や、その子で三代藩主となった元武は、自分たちが大名としての身分格式を失っ

▼端午
陰暦五月五日に邪気を祓うため菖蒲の葉や根を入れて沸かした菖蒲湯で体を清めた。菖蒲が尚武と同じ音であることから武家の行事として行われた。

▼重陽
陰暦九月九日の節句。古代以来朝廷でも行われ、邪気を祓うため菊酒を飲んだ。

▼歳暮
陰暦十二月二八日から晦日までで、諸大名は将軍へ時服を献上した。この返礼として、将軍から御内書が発給された。

▼御内書
武家文書の様式のひとつで、江戸時代には黒印状・判物とも。端午・重陽・歳暮の祝儀として諸大名から献上された時服の返礼として発給された公的な文書であった。

てしまうのではないかと不安に思っていた。この感情が、やがて本家と摩擦を起こし、天和三年（一六八三）「三家格式」の成立に至るのである。なお、小城藩が三節句に常時参加するようになるのは、五代将軍綱吉の代からである。

小城藩、参勤交代を開始

元茂は、当初、隔年で江戸と国許を往来する参勤交代を行っていなかった。これは直澄《なおずみ》（蓮池藩）や直朝《なおとも》（鹿島藩）といった兄弟達も同じである。三家が江戸に詰めるのは、徳川家に対する佐賀藩鍋島家の奉公・忠誠の証とすることを目的としているためである。

幕府は、寛永十二年（一六三五）の武家諸法度において、「大名小名在江戸交替相定むるところ也、毎歳夏四月中参勤致すべし」と定め、諸大名の参勤交代を義務化しており、これにより東西の諸大名が交代して江戸へ参勤を行う制度が確立した。もっとも、まだこの時の対象は外様大名のみで譜代大名は除かれている。

さて、参勤交代が義務化されても元茂は江戸にい続けている。なぜ、元茂をはじめとした鍋島家の兄弟達は参勤交代を行っていなかったのであろうか。それは、彼らが参勤交代の対象となる「大名小名」ではなかったからである。参勤交代の義務があるのは、あくまで佐賀藩主である大名の父勝茂であり、元茂を含む庶子達は、あくまで鍋島家が自発的に江戸詰にしているのであるから、参勤の対象者ではないのである。

元茂が参勤交代を始めるのは、寛永十九年からである。ただし、幕府から命じられて始めた訳ではない。勝茂から家老達に宛てた書状によれば、佐賀藩では、財政が窮乏しており、これを打開するためには、兄弟三人の内、一人を江戸におき、残りのふたりを国許へ帰すことを代わる代わる行うことで江戸詰の費用を浮かすしか手がなく、これを幕府に願い出るしかない、と家老達が話し合った結果であった(「多久家文書」)。佐賀藩の中でも、三家は勝茂の江戸不在時の名代としての役割を果たすことを期待しており、参勤交代を大名として単独で行うものではなかった。

鍋島家の願い出は幕府に認められ、佐賀藩と鹿島藩、小城藩と蓮池藩は交代で自発的に参勤を行うことになった。もっとも、参勤交代を行うからといって、すぐに大名としての身分格式を得られたということではない。大名としての身分格式を獲得する上で大事なのは、基本的に普請役、馳走役、門番役などの公儀役を務めているかどうかである。近世国家における身分と役の関係を明らかにした高木昭作氏によれば、江戸時代は、「国家」に対して果たすべき役と身分が対応していた。大名の身分格式でいえば、当時の幕府は「公儀」と呼ばれたが、公儀役を務めることで、将軍を頂点とする「公儀」のメンバーの一員として認められる。将軍の直臣＝「公儀」のメンバーとして認められる代わりに公儀役を負担する必要がある、ということである。このため、例えば、佐賀藩でも諫早家（二万七千石余）や多久家（二万一千石余）など、一万石を超える領地を持つ家臣もいたが、彼らは公儀役を果たしていないため、大名ではないのである。また参勤交代は、一万石未満の大身旗本である交代寄合も行っている。

小城藩の参勤交代は、本家である佐賀藩の長崎警備とも関連して、十月の参勤・四月の御暇という在府期間の縮小があった。

◆5 島原の乱へ出陣

島原・天草地域の農民が蜂起した島原の乱。

農民一揆とも宗教一揆ともいわれ、大坂の陣後、日本でも最大級の戦争となった。

佐賀・小城両藩と同じ肥前国内で起きたこともあり、幕府の手前、多くの家臣を動員した。

島原の乱

寛永十四年（一六三七）から十五年にかけて起きた島原の乱（島原・天草一揆）は、小城藩にとっても重要な事件となった。

島原の乱は、松倉勝家《まつくらかついえ》★の領地であった肥前国島原半島、および寺沢堅高《てらさわかたたか》★の領地であった肥後国天草《あまくさ》において発生し、二万人ともいわれる人びとが天草四郎時貞★を主将にして肥前国原城へ立て籠もり、幕府・諸大名軍によってほぼ全滅させられた、農民一揆でもあり宗教一揆でもあった大規模な武力蜂起であり、小城藩と同じ肥前国内で行われた「合戦」であった。勝茂は直茂の死後、自分の代になって初めての戦いであり、「家の再興」はこの時であるから覚悟するように、と軍中で気合いを入れる程であった（寛永十五年二月八日付、「軍中に被仰渡趣」）。

▼松倉勝家
初代島原藩主松倉重政の子。寛永八年（一六三一）藩主となる。父重政以来の苛政を行い、キリシタンを弾圧したため、島原の乱が起こる。乱後、責任を問われ、所領没収、斬罪に処せられた。

▼寺沢堅高
豊臣秀吉に仕えた唐津藩主寺沢広高の子。寛永十年（一六三三）、藩主となる。寺沢家は関ヶ原合戦の勲功により、天草と筑前怡土も領地となっており、合わせて十二万三千石を領した。天草でも一揆が発生したため、戦後天草四万石は没収された。堅高は正保四年（一六四七）、失意のうちに、江戸藩邸で自害した。継子がいなかったため、寺沢家は断絶となった。

そもそも佐賀藩では、十月二十六日には島原城下町が放火されていることなどを、島原城近く神代（現・長崎県雲仙市）に所領を持つ神代鍋島家から報告を受けており、二十七日には島原藩からの救援要請を受け取っていた。しかし、「武家諸法度」により幕府の許可なく領地を越境して兵を動かすことは禁じられており、藩主勝茂も江戸にいたため、佐賀藩政全般を統括する請役家老多久茂辰《しげとき》は、近隣の神代《こうじろ》・深堀・鹿島各鍋島氏や大組二組を警備のために島原藩境へ派遣して警備させるほかなかった。

幕府は、十一月九日、現地へ上使として板倉重昌《いたくらしげまさ》と石谷貞清《いしがやさだきよ》を送ることを決めるとともに、松倉勝家と豊後府内城主で幕府も信頼していた大名日根野吉明《ひねのよしあき》が江戸にいたので、一揆を鎮圧するように命じた。そして、松倉と日根野に対して、もし「退治」できなければ、原城と同じ肥前国の大名である佐賀藩鍋島家と寺沢家が「加勢」することになっていると述べている（『江戸幕府日記』）。

十四日、幕府は、鍋島家を含めた近隣の大名家に対して、「子息」か「舎弟」を領国へ帰すように指示した。これによって江戸にいた元茂と直澄も帰国することになった。十二月三日、佐賀勢は、島原領に入り、十日には第一回目の原城への総攻撃を開始している。

原城は、三方を海に囲まれた天然の要害であり、さらに幕府は一揆勢とポルトガルという外国勢力とのつながりも警戒していた。総攻撃を何度繰り返しても原

天草四郎時貞像
（天草キリシタン館蔵）

▼天草四郎時貞

益田時貞とも。父は小西行長の旧臣益田好次。幼少時より奇蹟を行ったとされ、鳩の卵からキリシタンの経文を取り出してみせたという。一揆勢の中心・シンボルとして宗教的、精神的な象徴的役割を演じた。乱では本丸の小屋から出てきたところを細川家の侍に討ちとられ、首は長崎出島のポルトガル商館（当時）の前にさらされた。

城は落ちないばかりか、翌十五年正月元旦の総攻撃で幕府軍総大将の板倉重昌が戦死してしまった。

佐賀藩では、大手口は直澄を、搦め手口は元茂を、それぞれの大将に任じた。直澄は勝茂の「名代」として馬廻を率いる大将となっている。これは直澄の母が今は亡き兄忠直と同じ家康の養女だったからである。

小城藩と島原の乱

佐賀藩は三万人余の大軍勢を動員したが、小城藩でも、五〇〇〇人程で出陣している。内訳は藩士やその家臣（陪臣）が二六一一人、荷駄など農民が徴発された人夫は一八一七人である。元茂が大将となった搦め手の千々石口は、ほかに、佐賀藩の大身家臣であった諫早家、武雄鍋島家、鹿島・白石両鍋島家、さらに付家老であった鍋島貞村が配属されていた。

小城藩では大組四組の内、三組が出陣している。軍団の構成と組・人数を記すと、先陣は、犬塚三家・田尻各組だけで五七〇人、それに鍋島五郎左衛門組、綾部右京組などを加え、合計八六〇人で構成され、二陣は、園田善左衛門、宮地五左衛門他七組で合計九一八名、元茂を中心とする馬廻は、一四三七名、殿《しんがり》（後軍）は、一部馬廻と人数が重なるものの、戸田主膳組、三浦市左衛門組他で七六

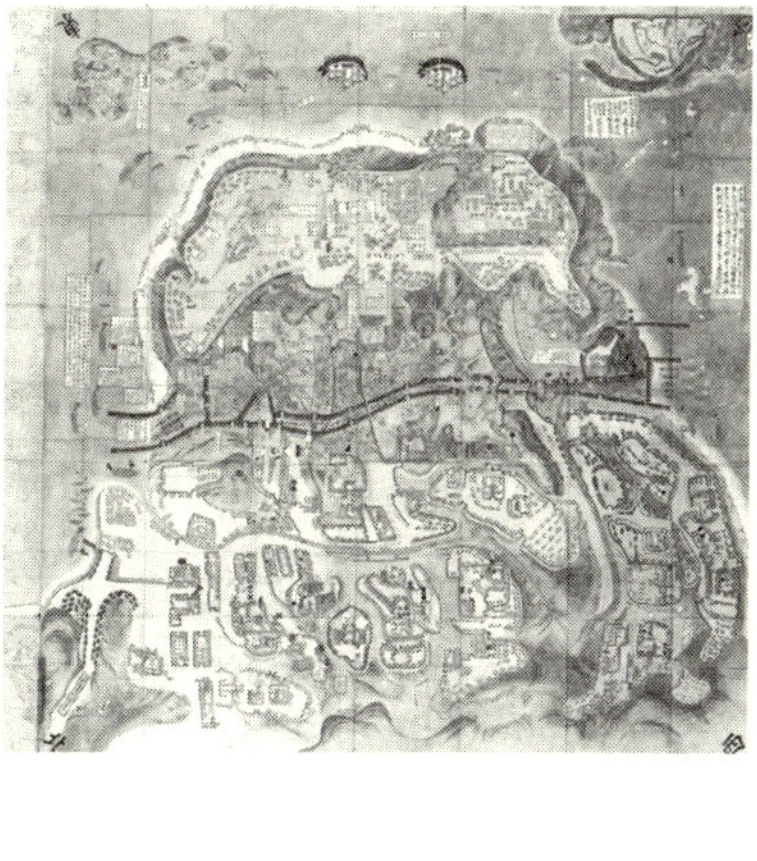

島原御陣図
（伝習館高等学校蔵、柳川古文書館保管）

八名となっていた。

鍋島家の抜け駆け

勝茂は、大将を務めた直澄と元茂両人に対して、寛永十五年（一六三八）正月五日付の書状で、「必ず城を乗っ取れると考えた時は、上使の下知に背いても良い」と述べており、軍律違反を犯してでも城への一番乗りを果たすように指示している。実際、二月二十七・八日の総攻撃は鍋島家の抜け駆けから始まり、戦いの終了後、軍としての規律を重んじる幕府から閉門に処されたが、やがて許された。これを鍋島家では名誉の閉門とした。

この抜け駆けについては、鍋島家の親類大名であった美作《みまさか》国勝山《かつやま》藩三浦家に伝わるエピソードがある。それは将軍家光のお気に入りで、土井利勝の甥でもあり、六人衆（後の若年寄）のひとりであった三浦正次から勝茂へ「抜け駆けしてでも一番乗りをなされるのがよろしかろう」と助言されたという。三浦の発言には、当然、その背後にいる家光が思い浮かぶ。時代はすでに近世であり、中世のような個人の名誉ばかりでなく、集団で勝利することが重視された。これを最も重視すべき立場にいるのは将軍家光なのだが、それでは実際の戦いは勝てないとする批判もあった。例えば、天下のご意見番として知られた大久保彦左衛門忠教《おおくぼひこざえもんただたか》など

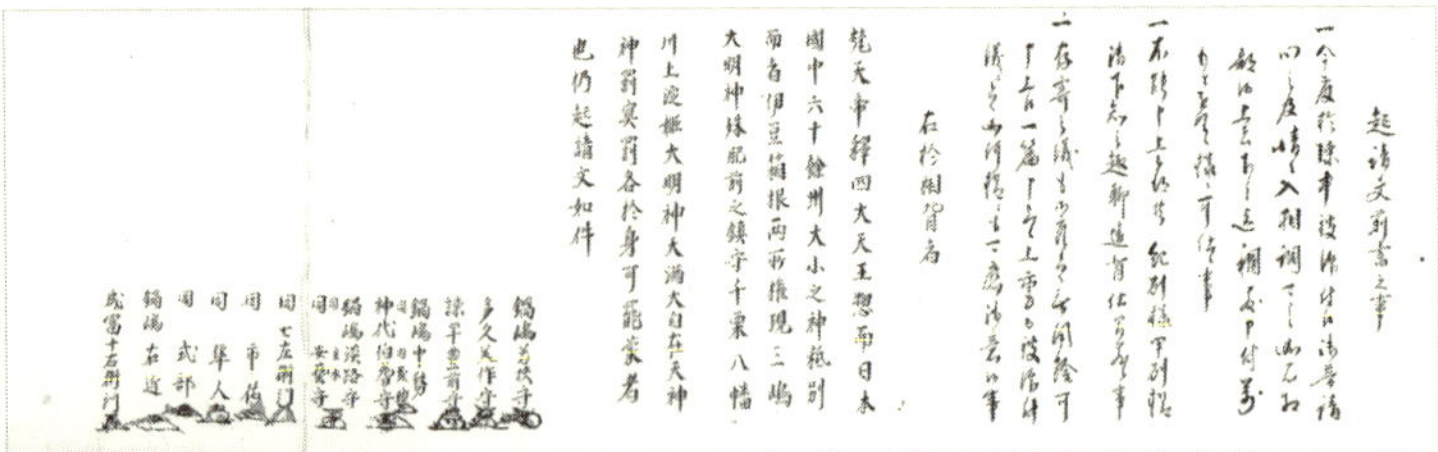

鍋島若狭守他連署起請文
（小城鍋島家文書／佐賀大学付属図書館蔵）

である。家光もそれは分かっていたのかもしれない。律儀者の勝茂が軍令違反を犯してでも一番乗りを指示した背景には、軍律を守っていてはいつまで経っても原城は落とせないと考える家光の意図があったのかもしれない。

なお、勝茂は、この「助言」をしてくれた三浦に深く感謝したが、戦場にいたため、大宰府の梅★の木で彫った天神像を三浦家へ贈ったという。

島原の乱をめぐるエピソード

一番乗りを果たした鍋島家だったが、勝茂と松平信綱が不和だったこともあり、戦後、どのような処分が下されるかは分からず、出羽《でわ》の国か飛驒《ひだ》の国へ配流になるのではないかなどという噂も立つ程であった。このため、小城藩でも、小城の総鎮守と言われた天山社（小城市小城町岩蔵）をはじめ、領内の寺社に無事を祈願している。

寛永十五年（一六三八）六月二十六日、幕府から尋問のため評定所《ひょうじょうしょ》★へ勝茂が呼び出された。鍋島家では勝茂が出座すべきかどうか議論がなされ緊張したが、元茂も老中の許可を得て勝茂と出仕することが許された。当日、勝茂は老中・大目付をはじめとする幕府役人に対して、絵図を前に説明をし、終わると次の間に控えていた元茂が呼ばれた。元茂はこの時扇子だけを身につけていたが、ただの

▼大宰府の梅
菅原道真が大宰府に左遷された時京都の屋敷にあった梅の木が、ここまで飛んで来たという伝説がある。以来梅は天神こと菅原道真を象徴するものになった。

▼評定所
江戸幕府の司法機関であり、民事と臨時に刑事を扱った。構成員は老中、寺社奉行、町奉行、勘定奉行（三奉行）、大目付、目付などであった。

扇子ではなく中に小刀が仕込まれている扇子であった。万が一、詰問責めにあって返答に窮した時には老中へ飛びかかる覚悟であった。柳生新陰流を極めた元茂に飛びかかられては老中も無事では済まなかったであろう。しかし、老中からの質問も無事に終わり、江戸城を後にした。

その後、幕府内でも議論になったが、旗本で三河以来の譜代家臣であった大久保彦左衛門から、「戦は茶の湯のように時刻を決めてできるものではない。中国の書『六韜《りくとう》三略《さんりゃく》』にも敵の不意をつくことが大事だと書いてある。もし今鍋島を処罰して、同家と合戦になれば、彼の家は町人・百姓に至るまで武士の被官（家来）だから、何年経っても勝つことはできないだろう。その時、追討軍に対してまた軍律を求めるのか。そんなことをしていたら、やがて天下は大乱になる」と述べたことに、その場にいた大老井伊直孝や加賀藩主前田利光も同意した。また勝茂と親しかった天海や徳川頼宣（紀伊藩主）の取りなしもあった。

結局、幕府の裁定は、上使の命令に従わなかったという軍紀違反はあったので江戸屋敷の門を閉じて謹慎する閉門の処分はやむなしと決まり、同月二十九日、鍋島家へ伝えられ、十二月二十九日に開門が許された。この時、江戸屋敷では、正月に飾る門松を用意していなかったため、急遽探したが見つからなかったところ、出入りの商人出雲屋庄兵衛が何とか探してきてくれた。これを賞して鍋島家の吉例として、以後、毎年同家から門松を献上させた。

新撰東錦絵　大久保彦左衛門盥登城之図
（国立国会図書館蔵）

⑥ 小城藩の女性達

小城藩は時に他藩から結婚の斡旋をされることもあったが、他藩他家と婚姻関係を結ぶことはあまりなかった。婚姻を結んだ相手先としては公家や同じ佐賀藩の家臣であった。

小城藩主の結婚

小城藩主の婚姻は、江戸時代を通して、一般的な大名家と異なり、佐賀藩の大身家臣や公家から正室を迎えているところに特徴がある。これは、勝茂が他大名家と婚姻関係を結ぶと、婚家との付き合いが発生するため、鍋島家としての一体性を維持できなくなることを危惧したためであった。このため、江戸時代を通して小城藩が佐賀藩以外の他家と婚姻関係を結んだのは、武家では譜代大名の岡部家、三浦家、そして御三家のひとつ水戸藩徳川家の付家老であった中山家の三家のみである。公家では、小川坊城《おがわぼうじょう》家、五条家、正親町《おおぎまち》家である。また、本家佐賀藩内部では、大身家臣である白石鍋島家や多久家、横岳鍋島家などとも婚姻関係がある。

例えば、元茂の正室仁王《にわ》の実家は、佐賀藩重臣の鍋島主水家（横岳鍋島家）であった。元和二年（一六一六）十月十七日、江戸外桜田御成橋屋敷にて婚礼を行っている。仁王の父鍋島茂里《しげさと》は、直茂に長男勝茂が誕生するまで、一時、直茂の養子となっていた人物で、母伊勢龍《いせたつ》は直茂の娘であり、勝茂には姉にあたる。いかに直茂・勝茂親子が元茂を重視していたかが分かる縁組みで、一族間での血縁的な結び付きを強めるためであった。

もっとも、長い江戸時代の中で、他家との婚姻は意味合いが変わってくる。もともと勝茂の時代には、本家からの統制があるから、他大名とは縁組みをしていなかった。

しかし、時は離れ、文政八年（一八二五）三月二十七日、江戸城柳間で小城藩と同席の九鬼隆国《くきたかくに》（摂津国三田《さんだ》藩）から、広島藩浅野家に息女がいるので藩主鍋島直尭《なおたか》と縁組みをしないかと持ちかけられた。小城藩内で協議したところ、藩の財政は殊のほか悪化しており、とても国持大名の浅野家との婚姻費用を捻出できる状況になかった。小城藩にとっては、他大名、しかも国持大名との婚姻は、格式を上げることができるかもしれない機会であり、できれば行いたかっただろう。

実際、九鬼隆国は外様大名ながら、阿波国蜂須賀《はちすか》家との縁組みをきっかけにして、幕府の儀礼をつかさどる奏者番《そうじゃばん》に抜擢されていた。小城藩でもこの時期、城を持っていることを幕府から認められる城主格（実際、持っているかどうかは問わ

小城鍋島家の家紋が入った寄掛
（個人蔵）

れない）になりたいという願望があり、格式を上げることができるかもしれないと考えただろう。もっとも、佐賀藩が他家との婚姻を望まないことも分かっていた。しかし、九鬼の勧めをむげに断ることもできない。

そこで結局、佐賀藩に対して、誰でもよいから本家の娘と直堯の縁組みを決めて欲しいと願い、四月十一日、本家から直堯と佐賀藩主斉直の娘との縁組みを行う旨が知らされた（「日記」）。これはもちろん、本家佐賀藩と縁組みをすることで財政援助を得られることを見越してのことである。

元茂の娘達

元茂は、ふたりの女性を養女としている。ひとり目は、勝茂の娘、つまり元茂にとっては妹にあたる乙成《おとなり》を養女として、付家老鍋島（倉町）貞村の嫡男同直広と結婚させた。乙成は、江戸で生まれ育ったが、寛永二十年（一六四三）、元茂の帰国に合わせて、佐賀へ帰国した。直広と乙成が婚姻した理由は、本家から元茂のもとへ派遣されている付家老と元茂の養女が婚姻を行うことで両家が親類関係となり、小城藩政をより円滑にしていく意図があったものと思われる。なお、直広と乙成の間に生まれた二男三平は、後、小城藩家臣西三郎兵衛の養子となり、西造酒《みき》と名乗り、小城藩の家老となっている。

ふたり目は、万といい、実の父親は、佐賀藩の請役家老であった多久茂辰で、母親は、茂辰に嫁いだ勝茂の娘鶴であった。したがって元茂にとっては姪にあたる。

万は、すでに生まれる前の寛永十四年四月に元茂の養女となることが決まっており、付家老鍋島貞村によって、乳母や側で使える女中達の人選が行われていた。三歳になると、国許から江戸へ行き、承応三年（一六五四）には、幕府から譜代大名で、和泉国岸和田《きしわだ》藩主であった岡部家との縁組みが認められ、岡部長盛の二男長賢《ながかた》（興賢《おきかた》とも、四千石）の嫡男興貞《おきさだ》に嫁している。

万が岡部家と婚姻関係を結んだのは、元茂の父である勝茂が家康の養女茶々（実は岡部長盛の娘）を正室に迎えたことと大きく関係していた。この婚姻は、江戸時代初めに、徳川家が多くの外様国持大名と婚姻関係を結ぶことで、徳川家の立場を固めていった政略結婚としての意味を持っていた。

なお万には姉がおり、彼女は元茂の嫡男で二代藩主となる直能に嫁いでいる。小城藩と多久家は密接な親族関係を築いていた。多久家は龍造寺隆信の弟長信を祖とする家で、長信の子安順《あんじゅん・やすよし》以降、佐賀藩政を統括する請役家老を代々輩出するなど、特に重要な大身家臣であった。また小城藩と多久家の領地は同じ小城郡内にあり、領地が地続きという、地縁もあった。

岡部長盛画像
（泉光寺蔵）

⑦ 直能の時代

二代藩主鍋島直能は文化の面で優れた能力を発揮した。

もともと佐賀城下に住んでいた藩主と家臣団は十七世紀中頃以降、小城へ移住していく。

小城は政治の中心となるとともに文化面でも隆盛を誇った。

二代藩主鍋島直能

元茂は非常に芸事に素養があり、先に述べた剣術以外にも、馬術、歌道、いけばななど、多く免許皆伝となっている。こうした文化的教養を引き継ぎ、小城に文化の花を開かせたのが直能であった。

直能《なおよし》は元和八年（一六二二）十二月十七日、江戸で生まれた。父は元茂、母は鍋島茂里の娘である。妻は、勝茂の養女であった多久茂辰の娘鶴を迎えたが、二十七歳の若さで死去してしまったため、寛文元年（一六六一）、後室として、公家小川坊城俊完の娘伊賀《いが》を迎えた。伊賀は、実は道晃法親王《どうこうほうしんのう》★の兄良純《りょうじゅん》法親王★（後《ご》陽成《ようぜい》天皇八男）の娘であったが、小川坊城俊完の養女となって直能に嫁いでいる。小城藩はたとえ養女であっても、親王の娘を迎えることができる家格ではなかっ

▼道晃法親王
後陽成天皇の第十三皇子で、慶長十七年（一六一二）誕生。元和七年（一六二一）、聖護院へ入室。慶安元年（一六四八）、家康三十三回忌には日光へ赴き、法華八講を勤めた。書画、和歌に秀でた文化人であった。延宝六年（一六七八）没。

▼良純法親王
慶長八年（一六〇三）誕生。同十二年、知恩院へ入室。元和元年（一六一五）、家康の猶子となる。寛文九年（一六六九）没。

たが、良純法親王は、島原への遊郭通いが問題視され、寛永二十年（一六四三）十一月十一日、甲斐国に配流となり、万治二年（一六五九）に許され京都へ戻った経歴があったことから、伊賀の婚姻にも影響し、小城藩へ嫁す理由になったものと考えられる。

承応三年（一六五四）十一月、直能は父の死去により家督を相続した。直能の時代は、家老の家格や職務の原型が出来上がり、郡代の役務規定が定められるなど、小城藩政が確立・整備されていく時代であった。

もっとも、直能の事跡で特筆すべきは、やはり文化的な側面であろう。天皇・公家や儒学者林家★との交流の中で、後に藩庁となる鯖岡《さばおか》を桜岡《さくらおか》と改名して、天皇の御製和歌をはじめとする詩歌を拝領し、『八重一重』にまとめたり、『夫木抄』から『夫木和歌類句集』を編纂し、天皇の閲覧に供するなど、日本の伝統的な文化といえる和歌に対する高い教養を有していた。延宝七年（一六七九）十二月二十九日、西岡に隠居し、元禄二年（一六八九）八月二十六日、同地にて死去した。法名は弘徳院星厳元晃と号した。

桜岡館

もともと元茂や直能は、佐賀城西の丸に住居しており、家臣団も佐賀城下に屋

▼林家
初代信勝（羅山）以来、代々江戸幕府の学問（朱子学）を統括した。湯島聖堂昌平坂学問所を主導するとともに、衡（述斎）は幕府による『寛政重修諸家譜』編纂を担った。また幕末、韑（復斎）はアメリカ使節ペリーとの応対にもあたるなど、政治にも関与した。

桜岡二十景（桜岡花雲）
（小城市立歴史資料館蔵）

敷があった。藩主および家臣団が小城に居住したのは直能の晩年から三代元武の代にかけてである。なお小城藩主が小城に移ってからも佐賀城西の丸には、幕末に至るまで佐賀藩からの指示や連絡を受けたり、逆に願書などを提出する聞番役が置かれた。また享保十一年（一七二六）に佐賀城天守が焼失してからは天守としての役割も担った西の丸三階櫓の管理・修復も小城藩が担当した。

さて、小城に後の藩庁となる桜岡館の建築が始まるのは直能の代からで、『直能公御年譜』には、承応元年（一六五二）、まだ鯖岡と呼ばれていた土地の地形を調査し、万治元年（一六五八）から作事が開始されたとある。寛文三年（一六六三）になると、鯖岡は岡と名を変え、茶屋がつくられていた。直能も「休息」をするために小城へ赴いている。また田尻興種宮内や村川傳右衛門は、岡に詰めており、家臣団の屋敷も望み次第に与えており、屋敷地が次第にできていった。

延宝年間（一六七三〜一六八一）から天和年間（一六八一〜一六八四）にかけて、佐賀藩との関係が悪くなると、家臣団も次々と佐賀城下の屋敷を売り払って小城へ移住してきた。これにより、桜岡の藩庁を中心とする武家屋敷と従来からあった岡町からなる小城の町が形成されていった。

直能は桜岡の近く西岡に隠居したが、同地に咸臨閣《かんりんかく》をはじめとする茶屋や風光明媚な庭園を造営し、中国宋《そう》の司馬温公《しばおんこう》★が造った獨楽園《どくらくえん》に擬して自楽園《じらくえん》と称した。

桜岡には直能の子ども達も住んでいたが、三代藩主元武《もとたけ》が初めて桜岡に来たの

小城藩邸玄関立面図
（小城市立歴史資料館蔵蔵）

小城藩邸跡（小城市）

は貞享元年（一六八四）六月五日で、同地に常住するようになるのは元禄二年（一六八九）八月二十六日に直能が死去した翌年以降であり、それまでは佐賀城西の丸と往復をしていた。

鯖岡から桜岡へ改称

寛文六年（一六六六）、直能は、小城西岡に「泉水」を造営するとともに、小城岡山には吉野や高雄から桜や紅葉を求めて植えたという。当時直能は、佐賀城西の丸に住んでいたが、岡に茶屋を建て、しばしの休息を楽しんでいた。

延宝二年（一六七四）四月、三代将軍家光の二十五年忌が江戸増上寺で催された際、直能は、京都から下ってきていた聖護院宮道晃法親王《しょうごいんのみやどうこうほうしんのう》（後陽成天皇一一男、直能の後妻は道晃法親王の兄良純親王の娘）から、後西天皇の宸翰《しんかん》★の懐紙をもらった。また道晃法親王からは、「これは直能が望んだ岡花の和歌である」という勅命を伝え聞いた。

岡の桜が見事であることが、直能から道晃法親王へ、そして道晃法親王から後西天皇の叡聞《えいぶん》★に達したのであろう。後西天皇★は、岡を詠んだ御製懐紙を道晃法親王へ与えたのである。これにより、道晃法親王をはじめ、小川坊城俊広、飛鳥井《あすかい》雅章《まさあき》など公卿一八人で岡花という題で和歌をつくった。

▼司馬温公
本名は司馬光。北宋の皇帝神宗や成宗に仕える。司馬光が記した『資治通鑑』は、中国をはじめ日本でも政治を行う者は読むべき書として広く流布した。

浜茶屋跡（小城市）

▼宸翰
天皇の自筆の書のこと。

▼叡聞
天皇がお聞きになること。

▼後西天皇
後水尾天皇の第八皇子。承応三年（一六五四）即位。古典文化への造詣が深かった。また、有職故実、日記・記録類の写本を作成して副本とした。これにより、寛文元年の皇居の火災においても原本は焼失してしまったが、副本が残り、現在でも京都御所内の東山御文庫に伝来している。

直能は、鯖岡や岡と呼ばれていた地を桜岡と改めた。『直能公御年譜』は、「是より桜岡といへは日本名所の部に入」るとまで言っている。

さらに桜岡の風景は、和歌のみならず、直能と親交のあった江戸幕府お抱えの儒学者林《はやし》鵞峰《がほう》★をはじめとする林家によって桜岡一〇境、桜岡二〇景として漢詩にも詠まれるなど、小城の名を一躍高めることになった。これらの和歌・漢詩は『八重一重』としてまとめられている。

こうした桜岡の隆盛に対して、機嫌が悪かったのが本家の光茂で、天皇をはじめ公家などの和歌を集めるのは別家にでもなるつもりなのかと疑っていたという。これを聞いた直能は、天皇から拝領した和歌を持って光茂のところへ行き、「和歌を天皇からもらったのは光茂への忠義なのです。小城が名所となれば、確かに私は小城を預かっているが、光茂の領内に名所ができるのと同じです。大きな手柄でもあるのです。逆に褒美をもらいたいくらいです」と、なだめたため、光茂も機嫌を直し、手を洗い天皇から拝領した懐紙を見て直能を饗応したという（「直能公御年譜」）。

▼林鵞峰（春勝） 羅山の三男。寛永十八年、『寛永諸家系図伝』編纂に従事し、寛文二年『本朝編年録』（後『本朝通鑑』と改める）編纂にも従事する。

八重一重図
（個人蔵）

これも小城

小城藩内の寺院

星巌寺

祥光山と号する星巌寺は、貞享元年、二代藩主直能が、父元茂の菩提を弔うため、領内鷺原の地に、晴気の景福寺の古跡を引き円通寺の末寺として創建した黄檗宗の寺である。これは幕府により新たに寺を建てることが禁止されていたためである。鷺原の小野田久助や嬉野甚兵衛の屋敷地を寺地のために召し上げ、同二年四月には禅堂の棟上げがあり、覚潭和尚が住持となった。直能は死去すると、祥光山の西北の隅に葬られたが、遺命により山の大石を塔として建てたという（『直能公御年譜』）。以後も、四代元延、五代直英、七代直愈、八代直知、十代直亮、十一代直虎が葬られた。

なお、境内にある牛津の石工平川与四右衛門等による五百羅漢が有名である。

玉毫寺

玉毫寺は、領内彦嶋村に三代藩主元武が自ら開山となり創建された黄檗宗の寺である。元武は死の直前まで、和尚での遷化を望み、このため牌名（法名）も居士号ではなく金粟元明大和尚とされている。ただし、遷化時には、まだ寺の普請が完成していなかったため、葬儀は星巌寺で執り行われた。その後、銀四〇貫二五〇匁、金小判二一〇〇両余りを建設費用として、同四年八月には寺領六十石に定め、恵雲和尚を住持としている。彦嶋村の寺前に、嬉野市兵衛と野口弥右衛門を奉行として、道をつくるなどして、寺領の整備を行った。小城鍋島家の菩提寺として、元武の遺物も多く納められた。以後も六代直員、九代直堯の墓所となった。

慈眼寺

慈眼寺は江戸の芝三田にある曹洞宗の寺で、江戸で死去した小城藩士の墓所になるとともに、承応三年に元茂が死去した時には、同寺にて火葬している。このため元茂夫婦の位牌が置かれるとともに、命日である忌日やお盆には、小城藩から同寺へ費用を支出している。また、元茂が死去した際、殉死をした家臣が一〇名いたが、内、江戸にいた水町主米之介、五郎川八太輔、相原斎之助、志波九太輔、村川右京の五名は、慈眼寺にて切腹している。

岡山神社

寛政元年（一七九〇）二月三日、初代元茂を国武明神とし、二代直能を矛治明神として祀ったことに始まる。こうした藩祖を祀ることは、すでに佐賀藩が直茂を祀る日峯社（後の松原神社）を安永元年に創建しており、これに影響を受けたものと思われる。藩祖を祀ることは、これに血統的に連なる現在の藩主を、宗教によって権威付けることになる。また岡山神社が創建されると、疫病や干魃・長雨の祈禱を、従来は、晴気の岩蔵寺や般若寺で行われていたものが、岡山神社や川上実相院に属する福智院で行われるようになった。これにより藩主の権威を人々の生活にまで浸透させる役割を果たすことになったのであり、支配が動揺していた近世後期において注目されることである。寛政二年十一月十日には、国武社の祭礼が行われ、藩主以下、家臣団、さらにその妻や娘といった女性達が参詣するとともに、郷中の民衆まで参詣を命じられている。国武社の氏子として小城の横町・裏町・岡町に設定されており、武士だけの神社・神ではなく、民衆の信仰も意識されていた。

天保九年（一八三八）十月十六日には、社殿を東向きに建て直したが、現在の地に宝殿と拝殿が建設されたのは嘉永六年（一八五三）で、さらに安政五年（一八五八）十一月、宝殿と拝殿を現在と同じ東向きにして岡山社と改名している。

光勝寺

文保元年創建。小城の地頭千葉氏の庇護のもと、九州の日蓮宗布教の拠点として大いに栄えた。一時、荒廃した時期もあった

が、「鍋かむり上人」として有名な日親上人により中興された。また祇園妙見尊神体でもある宝剣も残されている。

岩蔵寺

天台宗の寺院で、延暦二十二年に創建と伝わる。最盛時には、寺領一千町歩あったという。鎌倉時代の遊女で、曽我祐成の菩提を弔った虎御前も岩蔵寺の法会に参加したといわれ、虎御前が納めた経文が、元和七年、寺内で掘り出され、小城藩の親類であった公家の坊城家に贈られ天皇の叡慮にも備えられ、後、近衛家の所蔵になった。

須賀神社

創建は、桓武天皇の延暦二十二年と伝わる。佐賀・小城・杵島三郡の宗廟とも。千葉常胤が京都祇園社から祇園社を分霊する。このため、毎年六月十五日の祭礼には常胤の山鉾をつくり、社前に供してから、小城の町を練り歩くことを例とした。龍造寺隆信、鍋島直茂をはじめ、蓮池藩、鹿島藩、多久家などからも信仰されており、天保十四年の佐賀藩による藩政改革により山鉾は中断したが、維新後に復活した。明治六年須賀神社と改称し、大正十三年には県社となる。

天山神社

大宝二年に建立。祭神は多紀理毘売命、狭依理比売命、多岐都比売命。千葉氏の信仰のもと、後宇多天皇の時、弘安年間に小城郡宗廟の朱印を賜る。佐賀藩の時代も佐賀藩主、小城藩主の崇敬が厚く、特に小城藩領内が旱魃であった際には雨乞いのため、家老以下が参詣して降雨を祈願した。

第三章 鍋島元武の時代

名実ともに大名として、将軍綱吉に信任され、他大名とも交際した。

鍋島元武像（玉毫寺蔵／佐賀県立博物館寄託）

1 「三家格式」の成立

鍋島家では本家と分家が分離しないようにしていた。

幕府や佐賀藩との関係を規定する「三家格式」が成立した。

これは小城藩が佐賀藩の家臣である反面、将軍の家臣であることを佐賀藩が認めることであった。

三代藩主鍋島元武

名実ともに大名としての格式のもと、幕府へ奉公を行いつつ、領国支配を確立したのが元武であった。元武《もとたけ》は、寛文二年（一六六二）四月二十六日に江戸で生まれた。父は直能、母は伊賀の方であった。なお、後述する通り、元武は御三家のひとつ水戸の徳川光圀《みつくに》と非常に親しい間柄であった。光圀の正室は近衛信尋《このえのぶひろ》の娘尋子《ちかこ》（泰姫《たいひめ》）であったが、信尋は、実は後陽成天皇の第四皇子で、近衛信尹《のぶただ》の養子となっていた。したがって、小城鍋島家と水戸徳川家は、同じ後陽成天皇の孫女が嫁していることになる。

元武は、延宝二年（一六七四）二月七日、将軍家綱へ初めて御目見を果たし、同四年十二月二十六日には従五位下諸太夫に叙任し、紀伊守を名乗っている。同七年十二月二十九日に父の隠居により家督相続した。元禄五年（一六九二）三月八日、幕府から公儀役として、公家衆馳走役を直接命じられている。小城藩では、直能の代に公儀役を命じられることはなく、家格が大きく変化したといえる。

つまり、これまでの佐賀藩の庶子格扱いから一般の大名と同格になったということである。同六年七月五日には将軍綱吉の側に仕える奥詰に任じられている。元武にはなかなか後継者となる男子が誕生しなかったため、一時、佐賀藩主鍋島光茂の子若狭《わかさ》（茂元）を養子にしようと考えていたが、元禄八年に後の四代藩主となる元延《もとのぶ》が誕生したため、養子縁組の話はなくなった。また元武は疱瘡により、顔にあばたができたため、人と会うことを恥じ、大和尚になって名を残すため、黄檗宗《おうばくしゅう》の潮音道海《ちょうおんどうかい》に師事したともいう。正徳三年（一七一三）正月二十六日に隠居し、同年八月二十日、五十二歳で死去した。法名を善通院金粟善明と号した。仏教美術の専門家である錦織亮介氏によれば「金粟《こんぞく》」とは維摩居士《ゆいまこじ》のことで、このため元武の落款は維摩★が住んだヴァイシャーリー（毘舎離城）にちなんだ「毘那」と書かれている。

本家と分家の契約

勝茂が藩主であった時代の本家と三家は、それぞれの当主が親子関係というこ

▼維摩
釈迦の弟子のひとりで、毘舎離城（ヴァイシャーリー）に住んでいた。

徳川光圀像
（京都大学附属図書館蔵）

ともあり、勝茂の言うことに三家は従い、また三家も自分達がしたいことを強く主張した。例えば、将軍との関係を勝手に変更するなど、強引に物事を行うことはなかった。それは、本家と三家の中で、直茂の勲功により連続している両者を合わせたところの鍋島家＝「御家」を存続させていかなければならないという考え方があったためだった。

しかし本家・三家それぞれで藩主の代替わりが進み、本藩当主が勝茂の孫光茂となり、小城藩も元茂の子直能、さらにその子元武へと代替わりしていくことで、親族関係は親子から従兄弟さらに又従兄弟へと次第に離れ、両者の意思の疎通も、勝茂の時代のようにはいかなくなってきた。

特に問題となったのが、光茂の子綱茂による三家に対する言動で、延宝七年（一六七九）正月十六日、三家はこれまで溜まっていた不満を書き付けた「条々」を光茂へ提出した。

三家の不満は、大きく分けて三つある。①三家と幕府との関係に綱茂が介入してくること、②綱茂が三家を家臣扱いすること、③綱茂が本分家と家臣団を合わせた「御家」の枠組みから三家を排除しようとすること、であった。

それぞれについて、①は、鹿島藩の直條が幕府から官位を拝領した際、太刀馬代を持って本家へお礼に来るように指示したり、②は、綱茂が三家と道で会った時の会釈や、綱茂から三家への書状に敬意が見られない、少なくとも一族として

鍋島直能像
（玉毫寺蔵／佐賀県立博物館蔵）

の扱いではなく家臣として見なしていると三家が感じていること、③は、佐賀藩と米沢藩上杉家との婚姻において、上杉家からお姫様を迎える際、三家は遠慮するように命じたこと、直能が病気の時、綱茂は一度も見舞いに来なかったなどであった。

全体的に、綱茂が三家を家臣として扱っていることへの不満であり、これを三家は綱茂による「かさおし★」と表現する。特におもしろいのは、③における三家の言い分である。三家は、本家と三家が一体となっていることが「家重」く大事であるという立場であり、本家と分家を合わせた「御家」という共同体の枠組みを大事にしているのである。

▼かさおし
当てつけ。押しつけがましいこと。

合意形成に向けて

綱茂にとっては、親族関係が離れていく中で、三家を本家の家臣として組み込んでいかなければという思いがあった。

綱茂の動きに反発したのが、元武（小城藩）、直之（蓮池藩）、直條（鹿島藩）といった若い世代達であった。そして三家の家臣団も、藩主達の不仲をきっかけに、それまで佐賀城下にあった屋敷を引き払い、それぞれの領地へ移住してしまった。

特に三家は、綱茂への不満を口にしながらも、密かに願っていたのは、他の大名と同じようになりたい、つまり、これまでの部屋住格から、他の大名と同じ格式を得たい、というものであった。江戸で諸大名と交流をする中で、自分達だけ参加できない幕府年中行事があったり、本藩からの支配統制の強化は、やがて、部屋住格でさえも消失してしまうのではないかという危機感があった。

こうした佐賀藩分裂の危機に対して、光茂（佐賀藩）・直能（小城藩）・直朝（鹿島藩）などの親世代は、彼らをなだめる役割を演じなければならなかった。そこで、延宝八年（一六八〇）二月二十七日、江戸にいた光茂と直能は佐賀藩桜田上屋敷にて話し合いを行い、「御家」は一門の不仲により崩壊してしまうことがあるので、勝茂代の通り、三家を一門としてきちんと扱うこと、それが「御家」の永続の仕方であることを確認した。

しかし、こうした親世代の考えを無視するかのように、五月、将軍代替わりに諸大名が提出する誓詞を、元武（小城藩）と直之（蓮池藩）が本家に無断で提出してしまった。

さらに天和二年（一六八二）八月一日には、幕府最大の年中行事である八朔の祝儀において、直之（蓮池藩）と直條（鹿島藩）は、将軍への太刀献上を、やはり、本家には無断で行ってしまった。

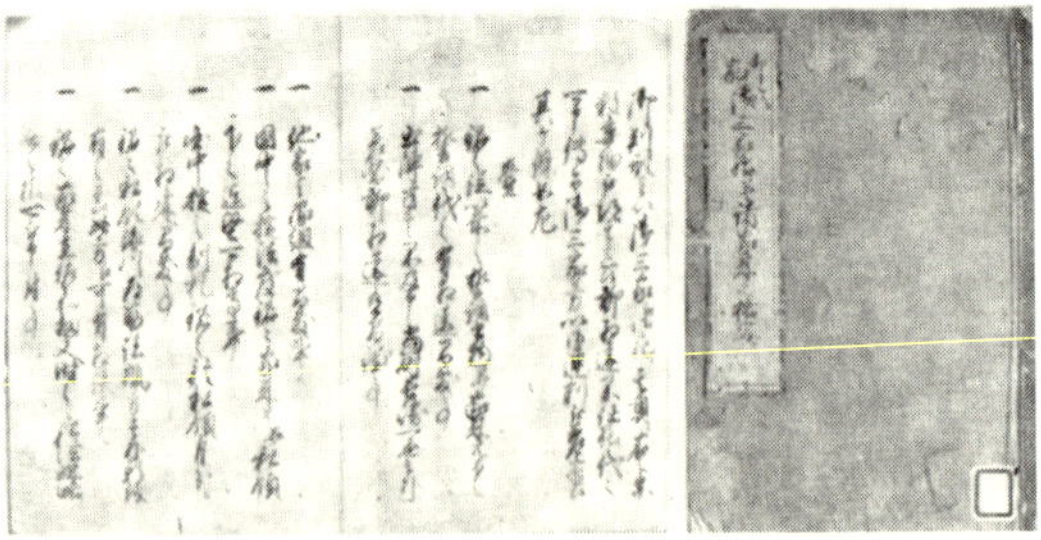

三家格式
（公益財団法人鍋島報效会蔵／佐賀県立図書館保管／『小城町史』より）

「三家格式」の成立

三家の若い当主達の動きに対して、「御家」の一体性を守ろうとする光茂はさすがに怒り、直能（小城藩）や直條（鹿島藩）に対して、「鍋島家は、本分家が一緒になっているところに他家との違いがある。万一の時には両者が一緒になって幕府の用に立つことが大事なのだ。家や家風を大事にしなければならない」と言い、勝茂代のことを変更することは「不孝」になるとして、幕府との関係や「家」の論理を強調した。

そして、最終的に天和三年（一六八三）二月二十日、三家と本家・幕府との関係を規定した「三家格式」を制定した。内容は大きく三つに分けられ、①「国家之掟」領内支配や他家と縁組みをしないことなどは、従来通りのこと、②幕府関係で「差免候事」（許すこと）として、将軍に対する隠居・官位のお礼、江戸到着の使者、幕府年中行事への参加など、③本家から幕府へ「相伺儀」（願い出ること）として、隠居・家督、官位、参勤・お暇の時期、となっている。

「三家格式」は、従来からの本家と三家の関係性、つまり、三家が本家の支配統制下にあることを確認しつつも、三家の他大名と同じ格式を得たいという願いを認めるということであり、以後、幕末に至るまで佐賀藩内において大事な国法

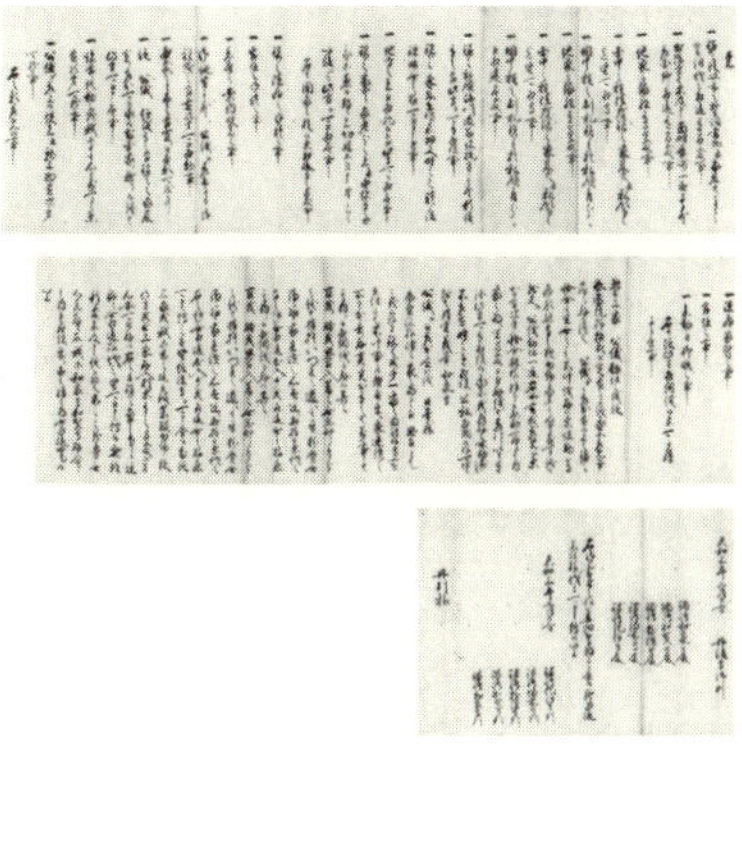

三家格式之大概
（佐賀県立図書館蔵）

となった。こうして話し合いによる「合意」のもと、従来通りの「御家」の枠組みを認め合ったのが「三家格式」であった。

もっとも、本家・三家とも、本音はそれぞれ別のところにあった。本家では、制定後、光茂から綱茂に宛てた書状によれば、①三家を幕府へ差し出した以上、家臣扱いにはできない、②三家が参加しなければ長崎警備ができない、③三家との不和を幕府へ言ってしまうとどのような処罰があるか分からない、だから三家と仲良くしておくことが肝心とする。一方、小城藩の直能は子元武に対して、幕府が本家の石高を減らすことなく、小城藩に領知朱印状を与えてくれれば「幸いこの事」と言っている。つまり、直能の発言は、別朱印分家となり幕府から転封を命じられて「御家」からの離脱しても構わないという本音がのぞいている。本家と三家は血縁に基づく同族関係であったが、三家が将軍とも関係を持っている以上、次第に政治的な関係を伴うことになる。

②将軍徳川綱吉と元武

元武は五代将軍徳川綱吉から信頼され江戸城内に詰める奥詰を務めた。
元武は御三家の一つ水戸の徳川光圀とも親交を深めた。
小城藩の家紋「入角に花杏葉」の入角は光圀からもらったという伝承がある。

徳川光圀と元武

茨城県立図書館には、御三家のひとつ水戸徳川家の光圀から元武へ宛てた書状が五四通残されている。元武の母伊賀は後陽成天皇の第八皇子良純親王の娘であり、光圀の正室は後陽成天皇の第四皇子近衛信尋の娘という親族関係が、ふたりを近づけることになったのだろう。もっともこれらの書状を読んでいると、光圀は元武（紀伊守）のことを、「鍋島紀もし様」「喜左衛門様」「喜之守様」をはじめ、「荒川主平様」といった元武の変名から「西国様」「しらぬ日のつくし人サマ」などと呼び、自分自身も、「梅里宰相」「梅里浪夫」「谷主馬」「吾妻者」「あつまのきやう（卿）」などと、非常にくだけた書き方をしており、ふたりの仲が相当親密であったことを知ることができる。

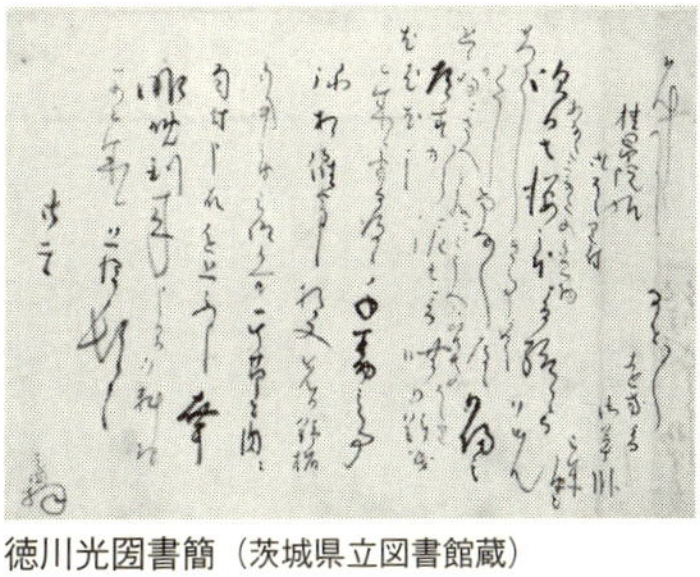

徳川光圀書簡（茨城県立図書館蔵）

光圀は、講談やテレビの世界では、「天下の副将軍」として、将軍綱吉にさえも強く意見を言うというイメージがあるかもしれない。元禄七年（一六九四）十一月、光圀は家老藤井紋太夫《ふじいもんだゆう》を能興業の時に手討ちにしたが、これは藤井が綱吉の側近柳沢吉保《やなぎさわよしやす》に通じていたためともいわれる。

この書状の中でも光圀は、「練馬へ『盗』（＝狩猟）に行った」とか「お忍びで鳥を撃ちに行ったが、幕府へ知られたら『鳥盗人之張本人籠者第一』です、おかしいでしょう」など、明らかに綱吉が実施した「生類憐れみの令」に抗する態度を取っていたことは間違いない。こうした中で、元武は綱吉に気に入られ、後に述べる奥詰となるのも興味深い。

さて光圀と元武は、大名・旗本さらに駒形清左衛門、井筒屋などの町人と一緒に、千寿会という私的グループをつくって、連れ立って酒を飲んだり、隅田川から船で浅草へ遊びに出かけたりしている。ふたりとともに仲が良かった大名として松平定重（伊勢桑名藩主）がおり、三人は、本所にあった水戸家の下屋敷で頻繁に会っている。

もっとも、大名同士の交遊であるから、私的な交遊という訳にはいかず、時に政治性を帯びることもある。例えば、元禄元年、光圀は堀直良《ほりなおよし》（上総国八幡藩主）と会った時、元武の話が出た。直良から参勤交代で元武が江戸へ来たならば必ず会いますと言われたが、光圀は、元武にとって直良が「心安き仁」（心を許せる人）かどうか分からなかったので、大方に挨拶だけしておいたと述べている。また、黒田光之（筑前国福岡藩主）の隠居により、長崎警備が誰に命じられるかは分からない、など幕府政治のことも元武へ伝えている。

一方、元武も公私ともに様々なことを光圀へ相談しており、本家である佐賀藩主光茂の娘のことや、川筋に下屋敷が欲しいこと、太平記が読みたいので貸して欲しいなどと依頼している。

光圀は、元武へ「貴様などや《よ》うなる悪性ノ御人ニ被レ誘申事」（あなたのような悪い人に誘われて「お酒を飲みに行き」ます）と述べる口の悪さや、国許にいる元武へその愛妾巴のことを知らせたり、元武が町人の女性踊を見に町へお忍びで行ったというと、光圀も「私も見たかった」とくやしがるなど、お互い本音を言い合える仲だった。ふたりの交友関係は、互いに分家という立場であったり、親族関係から発生したのかもしれないが、年齢や格式を超えて、本当に気が合ったからこそ連れ立って遊ぶ仲だったのだろう。

元武の奥詰就任

元禄六年（一六九三）七月四日、元武は、老中から翌日に江戸城へ登城するように命じられた。翌五日、元武は登城すると、老中から松平昌平（越前国松岡藩主）、松平定陳（伊予国今治藩主）、池田輝録《てるとし》（備中国生坂藩主）とともに奥詰に任じられた。このため、元武は老中、側用人である牧野成貞・柳沢吉保、若年寄、綱吉および母桂昌院《けいしょういん》の護持僧であった隆光《りゅうこう》へ御礼のために廻り、側衆やすでに奥詰に任じられていた同僚にも使者をもって御礼を述べた。なお、奥詰衆として、細川有孝《ありたか》（肥後国宇土藩主）、本多康命《やすのぶ》（近江国膳所藩主）、山名矩豊《のりとよ》（但馬国村岡藩主）、柳生俊方（大和国柳生藩主）、松平忠雄《ただお》（肥前国島原藩主）、六郷政晴《まさはる》（出羽国本《ほん》荘《じょう》藩主）、前田（松平）利直（加賀国大聖寺《だいしょうじ》藩主）、水野忠増《ただます》（信濃国・丹波国）、さらに松平定重（伊勢国桑名藩主）、松平忠周《ただちか》（武蔵国岩槻《いわつき》藩主）、牧野忠辰《ただとき》（越後国長岡藩主）がいた。翌日、綱吉へ御礼のため鯛を献上している。

「舘林家」という将軍の家族としての立場から将軍職を継いだ綱吉は、側近による政治を行うために、江戸城の中奥において新たな役職を設置していくことで、自身の権力基盤を強化していった。綱吉時代には、江戸城内桐間に詰める桐間番が新しく設けられたが、これは旗本役であった。基本的に大名が務めたのが奥詰であり、譜代・外様、本家・分家を問わず、綱吉がその能力を認めた者を任命していった。もっとも、綱吉が気に入らなければ就任後、三日にして罷免された大名もいた。

奥詰の職務については、『元武公御年譜』に詳細がある。まず当番日は三日に一日宛で、朝五つ半（午前九時）に江戸城へ登城する。また当番日以外でも綱吉から呼ばれれば登城し、火事の際には、大手口まで来て柳沢吉保が登城しているか確認してから登城することになっていた。

禁止事項としては、仲の良い大名はもちろん、親類であっても使者を遣わしたり面会してはならなかった。もちろん、本家であっても、である。また川船遊びや遊山に出かけることも禁止だった。愛妾巴のもとへ隅田川を船で下って会いに行っていた元武はどのように思ったであろうか。さらに、綱吉の政策である「生類憐れみの令」も厳守する必要があった。このため、小城藩では、佐賀藩と領地が入り交じっている今山・大願寺・山田について「生類憐れみの令」の実施を求めたが、佐賀藩家老鍋島弥平左衛門から、殺生を止めてしまうと困ることがあるから藩主の耳に達することはできないと却下されてしまった。

奥詰となった元武は、正月元旦から江戸城へ登城するようになった。これまでは外様大名として二日に登城していた。当番日は江戸城山水の間に詰め、綱吉の紅葉山参詣や上野御成などの供をしている。綱吉からもたびたび拝領物があった。ただ、参勤交代も不定期となり、元禄八年から同十一年までは在府を続けた。元禄十五年二月六日には、綱吉から毎日登城するように命じられ、中奥にて部屋を与えられている。いかに信頼されていたかが分かる。そして、宝永六年（一七〇九）、綱吉の死により、奥詰は廃止され、元武も免じられた。

元武の浜松転封問題

『元武公御年譜』には、元武の浜松転封に関する話が記載されている。宝永四年（一七〇七）十一月二十七日、綱吉は元武を遠江国浜松へ転封するように命じたが、柳沢吉保から、元武は七万四千石の所領高であり、浜松は六万石なので、しばらく見合わせて十万石くらいの場所があれば命じられてはいかがでしょうか、と留めたため中止となり、その後は何の沙汰もなかったという。

浜松の地は、浜松城を擁する城付の所領で、徳川家康も本拠地としたことがあり、譜代大名のみが治める徳川家にとって由緒正しい所領であった。そこに外様大名で、しかも佐賀藩の分家大名である元武が転封となれば、小城鍋島家にとっては栄誉な話であろう。もっとも、この話の典拠となっている『元武公御年譜』は後世に編纂された書物であり、現在のところ、他の史料にも出てこないことから、これをそのまま信用することは難しい。

では、当時の元武をめぐる状況はどうだったであろうか。元武は、将軍の側奥詰を務めながら、前代までなかった代官町普請役、聖堂火の番役、江戸城西丸火の番役、神田橋門番役といった公儀役を無事に果たし、さらに元禄十五年（一七〇二）、罪人となった能役者渡辺源三郎・源五右衛門ばかりでなく、江戸城内

柳沢吉保像写
（東京大学史料編纂蔵）

で捕えられた狐まで預かるなど、幕府・将軍への奉公を確実に務めてきた。こうした務め振りにより、綱吉の信頼を得たことは、奥詰を綱吉死去時まで務めた数少ない大名のひとりだったことからも明らかである。

もう一点、外様大名の転封については興味深い話がある。それは、元武と同じく、外様の小大名であった八戸藩南部家（盛岡藩南部家の分家、二万石）の当主直政が、詰衆（表詰衆、雁間詰衆とも）となり側衆を務め、元禄元年、側用人であった時の逸話として、朝鮮から贈られた屏風に書かれた詩を誰も読むことができなかった。しかし直政はすらすらと読み解釈まですることができたので、「国辱」にならずに済んだと綱吉は非常に歓び、陸奥国福島五万石を加増しようとしたが辞退したという（『八戸藩史料』）。綱吉自身が取り立てた側近に対して、功があれば加増しようとした逸話である。

小城藩も八戸藩もともに、本藩との間で支配・従属関係をめぐり、曖昧な関係性を残しており、綱吉からすれば、分家大名を取り立てることで本藩である佐賀藩や盛岡藩を掣肘《せいちゅう》しておきたいと考えたのかもしれない。実際、綱吉の強い意向により発令された「生類憐れみの令」を見てみると、国持大名領では必ずしも実施されておらず、佐賀藩領でも、元武が奥詰に就任したことで、ようやく小城領内で実施されることになった程であった。

一方、当時の浜松藩主は譜代大名青山忠重で五万石を領したが、元禄十五年九

浜松城

月、丹波国亀山藩へ同じ石高で転封となっており、その後には綱吉の母桂昌院の弟であった本庄宗資の子で一族ともいうべき本庄（松平）資俊が常陸国笠間から七万石で入封している。浜松藩主をめぐり幕府内で転封が考えられていたことは間違いなく、七万石は小城鍋島家もほぼ同じ石高である。また、綱吉により引き立てられた大名が入封している。

　こうした状況から考えていくと、元武を浜松へ転封しようとしたという綱吉の考えも、あながち突飛とはいえないだろう。浜松転封問題は、単なる伝承として片付けることはできない。

小城藩の家紋

　小城藩は、表紋として入角花杏葉紋《いりすみはなぎょうようもん》を使用している。大名家では、表紋とは別に、裏紋とも呼ばれる替え紋を使用しており、小城藩では四つ目結紋を用いた。佐賀藩内では、蓮池藩や鹿島藩をはじめ一部の鍋島一門が花杏葉紋を表紋として用い、本藩の嫡子も、花杏葉紋を用い、藩主になると本家の家紋である筋杏葉紋を使用したが、文化四年（一八〇七）から嫡子時代から筋杏葉紋を使用することに変更している。

　こうした中で、小城藩だけが、花杏葉の周りを囲う入角を使用するのは、『元

鍋島本家家紋の筋杏葉紋

▼空穂
矢を入れて肩から背負う細長い筒のこと。靫とも。

武公御年譜』によれば、元武と親交のあった徳川光圀からもらった黒漆塗の空穂《うつぼ》★に入角の蒔絵があり、後に佐賀藩と幕府から許可をもらって、杏葉に入角を付けるようになったという。また、別の逸話として、元武と光圀は夜な夜な江戸の町へ繰り出し遊びに出かけたが、お忍びであるため元武は、本来出入りすべき表門ではなく、格外の長屋口から出入りをしていた。これを知った光圀が、入角を元武に「あげた」という。入角が門の形と同じであり、かつ門と紋とで同音でもあることからであろう。遊びに出かける元武を光圀がからかうようでもあり、しかし信頼の置ける「友人」だからこそ、できるような、光圀と元武の遊び心が伝わる話である。

替え紋の四つ目結は、九州北部では、鎌倉以来の名家であった少弐氏の家紋として有名である。少弐氏の末裔を名乗る鍋島家では、『葉隠』によれば、直茂が慶長八年（一六〇三）、家康に召された際、船の幕に四つ目結を付けていたので、同人の隠居領を引き継いだ小城藩でも使用するようになったという。小城藩では、入角花杏葉紋以外、替え紋として四つ目結も使用している。天保二年（一八三一）小城藩では、徒士へ紋服を与える時には、杏葉紋ではなく替え紋＝四つ目結で与えることになった。なお、拝領した家紋入りの裃は、孫まで、三代にわたって着用することが認められている（安政七年九月二十八日「日記」）。

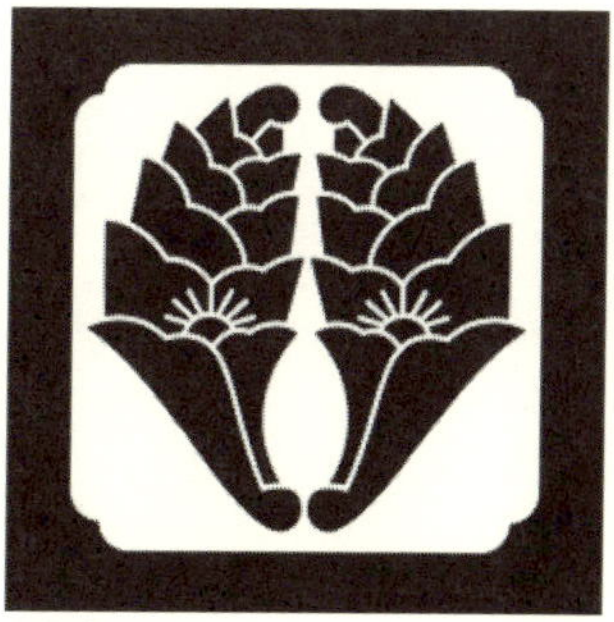
入角花杏葉紋

四つ目結

③ 小城藩と宗教

小城藩主家の菩提寺は黄檗宗であり、小城出身の潮音道海は将軍綱吉に信頼されていた。元武の弟晃諄は修験道・聖護院門跡の院家に入寺するなど、元武は儒学や修験道等も積極的に取り入れた。

元武と潮音道海

十七世紀中頃、中国から日本へ渡った僧隠元隆琦《いんげんりゅうき》が伝えた禅の一派黄檗宗は、寛文元年（一六六一）の萬福寺《まんぷくじ》造営に始まり、同三年には、将軍家綱から宇治に寺領四百石が与えられるなど、幕府をはじめ、諸大名、旗本、公家などに受け入れられていった。鍋島家もそのひとつで、仏教美術史が専門の錦織亮介氏は、鍋島氏のことを黄檗宗に傾倒し切っている大名という意味で「檗癖《ばくへき》大名」とまで呼ぶ。

この黄檗宗の歴史において、欠かすことのできない僧が小城出身の潮音道海《ちょうおんどうかい》である。潮音は、小城郡西川の出身で、寛永五年（一六二八）十一月十日に生まれた。父は楠田氏、母は前田氏という。寛永十三年、九歳の時に同郡慈雲寺《じうんじ》の僧

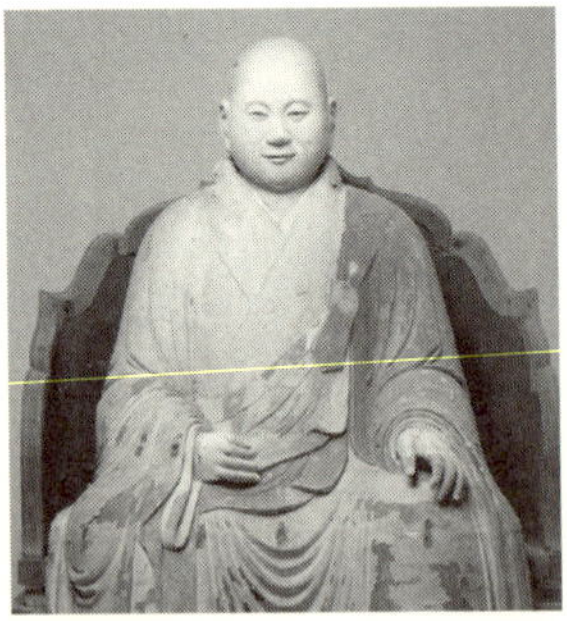

潮音道海木像
（星巌寺蔵）

泰雲《たいうん》に付いて修行を行い、同十七年に出家した。その後、日本各地の寺院を回り、正保二年（一六四五）には京都に行き、儒学をも学んでいる。寛文元年、黄檗宗の僧侶となっている。

その後、潮音の名声は江戸にまで聞こえ、まだ将軍の家族であった館林藩主徳川綱吉は、城下に万徳山《まんとく》広済寺《こうさい》を建立し、初代の住持として潮音を招いた。また潮音へは、館林藩の家老であった黒田直邦をはじめ、佐賀藩では光茂・綱茂親子が、小城藩でも直能・元武親子が、鹿島藩でも直朝・直條が、土井利重に嫁いだ光茂の娘お仙（緑樹院）などが、傾倒していった。

綱吉やその母桂昌院の帰依も厚かったが、綱吉の子徳松が死去したため館林藩も廃藩となった。このため、潮音は広済寺を辞し、同国の黒龍山不動寺に移った。しかし、潮音は、天和二年（一六八二）十月、神代のことが書かれた『先代旧事本紀大成経』を出版したことを咎められ蟄居《ちっきょ》の身となってしまった。同書は、聖徳太子の著作とされ、伊勢国の伊勢神宮と志摩国の伊雑宮《いざわのみや》の関係について伊雑宮を優位に置いていたため、伊勢神宮から批判されたことが問題を大きくした。もっとも潮音は、十二月には許されている。その後も、元武をはじめ、綱茂などとも交流をしており、元禄八年（一六九五）八月二十四日に遷化（死去）した。

潮音は、光茂の娘お仙のために仏教の教えを記した『霧海南針』をはじめ、『指月夜話』など、多くの著作物を残したが、寛文十年に、『日本書紀』所収の十

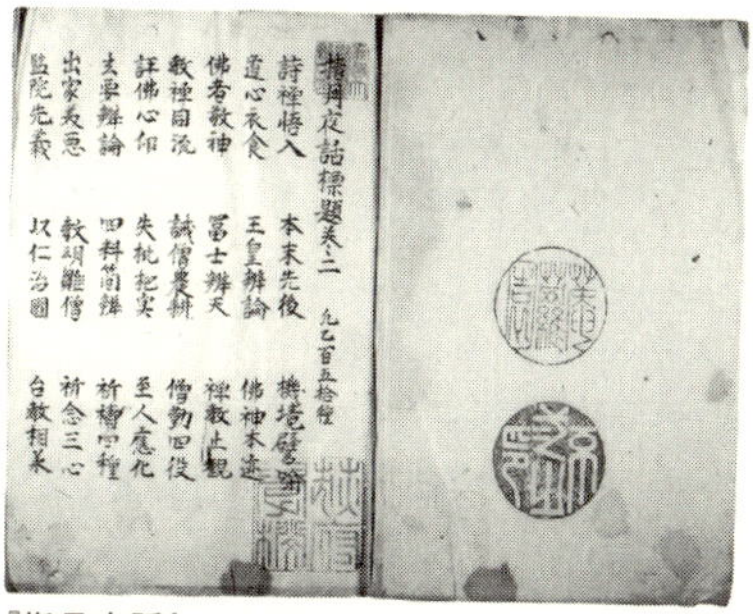

『指月夜話』
（佐賀大学附属図書館蔵）

七条憲法を仮名書きにして註を加えた『聖徳太子十七憲法』を記し、これを国を治めるための指南書としたように、宗教者としての側面のほか、政治にも大きな関心を示した。ここに鍋島家をはじめ、多くの大名に受け入れられる素地があった。

実際、元武も家臣の宮地平七へ語ったところによれば、潮音の遷化前に、伊勢の桑名で面会した時、「治家之者」（領地を治める者）として必ず読まなければならない書として、中国の書『帝範《ていはん》』『臣軌《しんき》』を与えられた。

『帝範』は、貞観二十二年（六四八）、唐の太宗が息子の太子（後の高宗）のために帝王としての実践の道を記し与えたもので、『臣軌』は、長寿二年（六九三）、則天武后《そくてんぶこう》が帝王に仕える臣下としての道を示したものである。どちらも日本では、例えば二条・高倉・後鳥羽各天皇へ進講されるなど、歴代の天皇も読んできた漢籍であり、『群書治要』『貞観政要』とともに、国を治め、主君に仕える大名や家臣にとって必読の書であった。こうした知識を元武は潮音から得ていたのである。潮音は元武へ「家中之者へもよみ候而聞セ候へ」と、藩士にも教えるように述べている（『元武公御年譜』元武書状写）。

さらに、後に奥詰衆として元武と同僚となる内藤政森《まさもり》（当時、上野国安中藩主で元禄十四年に奥詰衆となる）の筆による『臣軌』（安中市指定文化財）も現在、残されており、儒学が隆盛した当時の幕府内での広がりが想定される。なお、元武は奥

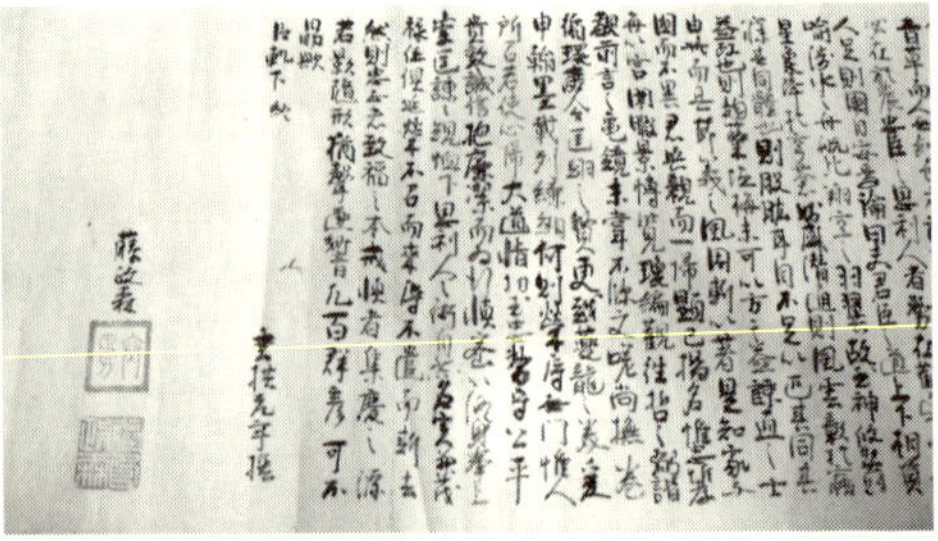

内藤政森自筆『臣軌』
（安中市教育委員会蔵）

詰をしていたこともあり多忙のため、結局、潮音に勧められた『帝範』『臣軌』を読み切れなかった。両書は漢文で書かれており、句読点を打つ必要もあった。このため、宮地に対して、儒者下川文蔵に注釈をさせて、それを送って欲しいと頼んでいる。

聖護院の正院家住心院の住職となった晃諄

小城藩領を含めた佐賀地域では、山岳信仰が盛んであり、豊前国の英彦山《ひこさん》（現・福岡県添田町）を信仰する檀那★が多くいた。小城でも、現在の牛尾神社が修験道の一大拠点として栄え、慶長二年（一五九七）四月、勝茂は、肥前鳥居二柱を「国主・大檀那　鍋島信濃守豊臣勝茂朝臣」として牛尾神社に奉納している。

英彦山とは別に、全国の熊野系山伏を統括し修験道の中心となってきたのが京都聖護院《しょうごいん》である。聖護院は、天台宗座主円珍《えんちん》の弟子であった常光院増誉《じょうこういんぞうよ》が、寛治四年（一〇九〇）、白河上皇の熊野三山詣での先達をつとめ、「聖体護持」の二字を取った聖護院を賜ったことに始まる。聖護院は、修験道本山派の総本山として人々の信仰を集め、皇族や摂家の子弟が住持となる門跡寺院であった。現在では聖護院八ツ橋としても有名だが、小城藩との関係も深かった。なお、英彦山と聖護院は、どちらが本寺か末寺か争う本末論争を繰り広げたが、元禄八年（一六

▼檀那
寺の施主や檀家のこと。

聖護院（京都市左京区）

九五）、幕府から本末の関係にはないと裁定されている。

　延宝二年（一六七四）四月、直能が聖護院宮道晃法親王（後陽成天皇一一男、直能の後妻伊賀は道晃法親王の兄良純親王の娘）から、後西天皇の懐紙をもらったことは先述した通りだが、伊賀は小川坊城俊完の養女となって直能に嫁いでいたことから、直能－小川坊城家－聖護院宮道晃法親王は親族関係にあった。

　直能は、四男晃諄《こうじゅん》（初め晃存）を小川坊城俊完の息子俊広の養子として、聖護院門跡の院家《いんげ》★先達《せんだつ》であった京都住心院《じゅうしんいん》に入寺させている。住心院は聖護院の院家として、同じく院家であった若王子とともに勢力を二分する寺であった。

　晃諄は、延宝六年三月二十四日、権律師に任じられたのを皮切りに、法眼《ほうがん》★を経て、宝永二年（一七〇五）二月二十五日には、大僧正★へと上り詰めた。話は前後するが、元禄三年十一月には住持晃玄大僧正の法跡を継承し、住職となり、勝仙院、住心院を名乗った。

　同六年、聖護院門跡道尊親王が大峰入り★と、聖護院門跡となった継目を兼ねて将軍へ御目見をするために江戸へ下向すると、晃諄も同伴している。また同十六年四月には、前年に門跡として聖護院へ入った道承親王が得度する際の戒師★を務めている。晃諄は道承親王が峰入りすると、道中における門跡の案内や祈禱を行う大宿という役割をほぼ務めており、このため正徳三年（一七一三）七月には、その功労を賞され紫房結袈裟を免許されている。享保元年（一七一六）七月、勝

▼院家
聖護院門跡に次ぐ寺格で、若王子・住心院・積善院・伽耶院の四院があった。本来は公家の子弟が院家として入院し、聖護院門跡を補佐した。四院家は峰入りの案内を務める先達を兼職し、修験の面でも大きな勢力となった。

▼法眼
僧位のひとつ。

▼大僧正
僧位の中でも、僧正、僧都、僧師あるなかで最上位にある大僧正は僧位の最高位となる。

▼峰入り
聖護院宮が大峰へ入峰することで、半年におよぶ行事であった。大峰入峰では、全国の山伏に号令がかけられ、京都から出発する際の行列は二万人におよんだ。聖護院宮は吉野から熊野まで駆け抜け、京都に戻ると宮中で祈禱を行った。さらに将軍の加持祈禱を行うため江戸へ下向した。

▼戒師
戒を授ける僧侶のこと。

仙院とともに聖護院の院家であった若王子の住持を兼帯し、同四年六月に隠居、同十三年九月三十日に六十二歳で死去した。退蜜院と号した。

糸を引き取る

宝永二年（一七〇五）六月、元武が仕える五代将軍徳川綱吉の母桂昌院が死去すると、桂昌院付の上﨟《じょうろう》であった糸は、柳沢吉保の斡旋によって、元武が引き取ることになった。実は糸は京都の公家小川坊城俊完の子俊広の娘で、貞享三年（一六八六）に京都で生まれ、後に大奥へ奉公にあがり桂昌院に仕えていた。元武の母は小川坊城俊完の娘であったから、元武と糸は従兄弟同士になる。元武は、自分の養妹として、親しかった水戸徳川家の付家老★中山信敏《のぶとし》に嫁がせようとしたが、佐賀藩主鍋島綱茂は三家が大名家やその家臣と婚姻をしたことはないといって反対した。しかし、元武は祖父であった小城藩初代藩主元茂の娘、つまり叔母が譜代大名岡部家と縁組みをしたことがある前例を述べたことで綱茂も納得した。

しかしまだ綱茂には不満があった。それは、小城藩と中山家の婚礼において、特に小城藩が将軍に対して、婚礼が許可された御礼、および御目見、献上物を差し上げることであった。綱茂の認識では、小城藩（を含めた三家）は将軍の直接の家臣（直臣）である大名ではなく、佐賀藩の家臣、つまり陪臣であると考えて

▼付家老
分家が創られた際に、本家から派遣された家老のこと。江戸幕府の御三家では尾張徳川家に成瀬家・竹腰家が、紀伊徳川家には、安藤家・水野家が、水戸徳川家には、中山家があった。

いた。一方、水戸藩の付家老である中山家も、本来は幕府の直臣であったものが水戸藩に付けられ家老となった、つまり陪臣であり、だから小城藩と中山家は同じ陪臣同士なので婚姻も許したというのである。佐賀藩が老中大久保忠朝へ相談した際、「小城藩は今は公儀役を務めておりますが、本来は中山家と同じなのです」と主張した。これは、言い換えると「今は小城藩も公儀役を務めており大名としての格式を得ていますが、本来は中山家と同じ陪臣なのです」と言っているのである。

しかし綱茂と違う主張をしたのが、中山家の主君であった水戸藩主徳川綱條《とくがわつなえだ》であった。綱條は、将軍への御礼にすこぶる乗り気であり、むしろ是非ともさせて欲しい、そうすれば中山家、ひいては水戸藩の家格も上昇するからというのが理由であった。元武は綱條の父光圀と非常に親しい間柄であり、綱條のこともよく知っていたから、綱條の発言は元武に配慮して言ってくれたのかもしれない。

いずれにせよ、水戸藩の主張が通り、婚礼に対して、将軍への御礼、および献上物が提出された。その後も元武は糸のために、米六十石を毎年渡し続けた（「蔵方頭人其外勤格式」）。

これも小城

小城藩士列伝 ―『葉隠』から―

佐賀藩士山本常朝・田代陣基による武士道書として有名な『葉隠』には、佐賀藩のことだけではなく、小城藩のことや藩主・藩士の活動や逸話も書かれている。いくつかあげてみよう。

横尾内蔵之允

横尾内蔵之允は、槍を扱えば並ぶものがいなかった。直茂も元茂へ「戦場での内蔵之允を見せてやりたかった」といつも言って褒めていた。こうした直茂の言葉に内蔵之允も感謝しており、「直茂様が亡くなったら追い腹をします」と言って、これを書いた誓紙を提出していた。

ある時、内蔵之允が百姓と無理な争いをして負けてしまった。これに怒った内蔵之允は直茂へ、「このような判決をするのであれば、もう追い腹はしない。誓紙を返してください」と言ってきた。直茂は「一方が良ければ一方が悪い。武道は良いかもしれないが、世の中のことを知らず惜しいことである」と言って誓紙を返した。

齋藤用之助

勝茂が家臣達の鉄砲の射撃練習を見ていた時、用之助の番になると、同人は空に向かって発砲した。係りの者が「玉はありません」と言うと、用之助は大声で「玉があるわけない。この年になるまで土（の的）を撃ったことはない。しかし妙な癖で、敵の胴ははずしたことはない。この証人として飛騨殿（直茂）が生きておじゃる」と言い放った。これを聞いた勝茂は何という無礼者であろうかと怒って処罰しようかとも思った。

しかし用之助は直茂の隠居付きの侍だったので、その場は耐えて、佐賀城へ戻り直茂に会いに行き、事の次第を伝え「私を主人とも思わない者なので処罰したいと思います」と直茂の了解を得ようとした。すると、直茂も「お前の怒りはもっともだ。早く用之助の組頭を切腹させるように」と怒りながら言った。このため勝茂は「いえいえ、組頭は何も悪くないのです。悪いのは用之助です」と言ったが、直茂は「今は天下泰平の世の中で若侍が油断して武具の扱いも忘れてしまって万が一の時に役に立たないので、まずは鉄砲の射撃練習をしてこれを勝茂へ見せるようにと言ったのだ。これは鍛錬不足の若侍のすることであって、老人の用之助を引き出し若侍と一緒に鉄砲を撃たせるなど、不調法千万である。これは組頭の落ち度だ。なるほど、用之助の腕前の証人はわしである。早く組頭を切腹させるように」と厳しく言った。このため勝茂も様々に言い訳をして何とか切腹させずに済んだ。

元茂夫人仁和

寛永十五年（一六三九）、幕府から、島原の乱における軍律違反を問われ閉門を命じられる前に、元茂は江戸の屋敷へ到着し、妻である仁和と会った際、彼女は「遠島の処罰を受けると人々は噂をしあっています。その時は、江戸の鍋島家の屋敷に火をかけて、残らず切り死にする覚悟です。跡のことは何の心配もなく、幕府へ正々堂々とおっしゃってください」と元茂へ言った。次の間には、万が一の時のために武具をすべて出してあった。

野村源左衛門

小城藩士野村源左衛門は、器量に勝れ、芸能をはじめ、博打をすれば西国で一番であった。元茂は目付から、源左衛門が他国で博打をしていることを聞いていたが、そのまま処罰をしては惜しい家臣なので側役として召し使っていた。しかし、その後も源左衛門の所行は収まることなく、長崎で屋敷を買い丸山で遊女遊びをしていることが発覚し、ついに切腹を申し付けることになった。

切腹の場で源左衛門は介錯人に対して「存分に腹を切るから、首を討てと言うまで切ってはならぬぞ、もし声をかけない内に切ったら七代まで祟り殺すからな」と睨み付けたので、介錯人も「安心して下さい、存分になさってください」と返答した。

さて源左衛門は、腹を木綿で巻立て、十文字に腹を切り、はらわたが出てきた時は少し顔が青白くなったが、しばらく目をふさいだ後、鏡を取り出し顔色を見て硯紙を所望した。この時、介錯人から「もう良いのではないか」と言われたが、「いや、まだだ」と言って、

腰抜けと、いうた伯父めくそくらへ、死んだる跡で思ひしるべし

と書いて、「これを伯父に見せよ」と家来に渡して、「さあ、よいぞ」と言ったので首を討たれた。

さらに源左衛門は切腹する前に番人へ様々な白状をした。先年、与賀の馬場で三人切り倒されていたが、これは自分の仕業で博打の恨みから斬ったが、夜明けで目撃者もあったのに誰も申し出ないのは不審であると述べた。

また、嘉瀬で博打をしていた時に、あまりに熱中してしまい、亭主の二歳になる子が後ろから飛び付いてきたが肘で払いのけたため、急所にあたり死んでしまった。このため母親が声を上げて泣いてしまい、一座の者もどうしていいか分からない状況だった。すると源左衛門は、母親へ「そのように声を上げて泣いていれば、近所に聞こえ、ここにいる者はすべて捕まり処罰（死罪）されてしまう。もしがまんすれば、ここにある金銀はすべて渡す。命にかえられるなら惜しむ者はいないからだ。帰らない子を嘆き、人の命をとっても仕方がないだろう。もし聞き分けてくれなければ、まずお前を殺し、亭主も殺し、自分は自害する」と言った。母親も了承したので金銀を渡した。そしてアリバイとするため、医師へ「倅が急病なので、すぐに来て欲しい」と人を使わしたが、医師が道の半分くらいまで来たところでまた人を使わし、「今死んでしまったので来ていただかなくて結構です」と述べた。隣近所にも病死したと話したので、今回のことは知られずに終わった。

郵 便 は が き

お手数ですが
切手をお貼り
ください。

102－0072
東京都千代田区飯田橋３－２－５

㈱ 現 代 書 館

「読者通信」係 行

ご購入ありがとうございました。この「読者通信」は
今後の刊行計画の参考とさせていただきたく存じます。

ご購入書店・Web サイト	書店	都道府県	市区町村
お名前《ふりがな》			
〒 ご住所			
TEL			
Eメールアドレス			
ご購読の新聞・雑誌等			特になし
よくご覧になる Web サイト			特になし

上記をすべてご記入いただいた読者の方に、毎月抽選で
５名の方に図書券５００円分をプレゼントいたします。

お買い上げいただいた書籍のタイトル

本書のご感想及び、今後お読みになりたいテーマがありましたらお書きください。

本書をお買い上げになった動機（複数回答可）

1. 新聞・雑誌広告（　　　　　　　）　2. 書評（　　　　　　）

3. 人に勧められて　4. ＳＮＳ　5. 小社ＨＰ　6. 小社ＤＭ

7. 実物を書店で見て　8. テーマに興味　9. 著者に興味

10. タイトルに興味　11. 資料として

12. その他（　　　　　　　　　　　　　　　　　　）

ご記入いただいたご感想は「読者のご意見」として、新聞等の広告媒体や小社Twitter 等に匿名でご紹介させていただく場合がございます。
※不可の場合のみ「いいえ」に○を付けてください。　いいえ

小社書籍のご注文について（本を新たにご注文される場合のみ）

●下記の電話や FAX、小社 HP でご注文を承ります。なお、お近くの書店でも取り寄せることが可能です。

TEL：03-3221-1321　FAX：03-3262-5906
http://www.gendaishokan.co.jp/

ご協力ありがとうございました。
なお、ご記入いただいたデータは小社からのご案内やプレゼントをお送りする以外には絶対に使用いたしません。

第四章 小城藩政の展開と職制の整備

小城藩は独自の領地と家臣団を持ち藩政を展開していった。

大地町（小城市）

1 小城藩の統治機構

身分制社会であった江戸時代、小城藩士もまた身分格式によって秩序がつくられていた。
小城藩では侍から徒までを家中と呼んだ。
上級家臣は大組頭となり他の藩士を組子として統率した。

小城藩士の身分格式

小城藩士の身分格式は、まず大分類として、侍－徒－足軽－小道具という四つの階層からなる。これらは、さらに小分類として、親類－家老－番頭－物頭－馬乗－侍（平士）－小頭（副士、添士）－徒士－足軽－小道具《こどうぐ》－手男《てなん》に細分化される。侍は親類から侍（平士）まで、徒は小頭と徒士まで、足軽は足軽、小道具は小道具と手男に、それぞれ相当する。小道具以下は、一般的には中間とも呼ばれる。

小城藩の身分格式においては、知行拝領の仕方にも違いがある。侍層までは土地を拝領する地方知行となり、小頭以下は、米が支給される切米取りであった。

番頭や物頭など、軍団編成上の役職がそのまま平時にも使われて身分格式となっているところに特徴がある。また、小頭というのも佐賀藩の中では、小城藩だ

裃（深川家蔵）

けが使用している呼称である。小頭は、一般的には足軽大将と呼ばれ、戦場では、足軽五人を指揮する。侍と徒士の間に位置している。

身分格式は、代々受け継がれていったが、必ずしも固定していた訳ではなく、功績があったり、献金をするなどして身分格式が上昇していくこともあった。小城藩では身分格式の変更を、「肩を召し替える」といった。

侍と徒の違い

先程の大分類としての侍も徒は、ともに広義には武士であり、このため明治維新後には、両者とも士族とされたが、狭義には格式上分けられた。知行取りか切米取りかの違いもあったし、小城藩主を中心とした儀礼や家督相続の在り方においても違いがあった。例えば、「御前済帳」という、家臣団からの願いに対して許可・不許可を記した史料によれば、侍と徒に共通するのは家督相続、養子縁組、婚姻、名替え、加増、名跡再興、帰参、身分替え、出家願い、については藩主が把握することになっている。

しかし、藩主は、徒の初御目見、前髪取り、組替、妾を妻にすること、昇進については把握しなかった。初御目見や前髪取りは、藩主と主従関係を築いていく上でも重要な人生儀礼であったが、徒について藩主が把握をしないということは、侍層に比べて扱いがいささか軽いことを意味している。こうした点はほかにもいくつもあげられるが、例えば、寛政八年（一七九六）正月元旦、前年に家督を相続して初めてお国入りをしていた八代藩主鍋島直知に対して、侍層は奏者による名前の披露があったものの、徒層の名前の披露はなかった。

また家督相続においても侍層の場合は、「亡父○○跡式を相違なく仰せつける」と、知行を含めた家督の相続を許されるのに対して、徒層は「亡父○○跡切米を相違なく仰せつける」と、拝領している切米の相続を命じらている。この違いは、もともと徒層は一代限りの奉公を原則としており、やがて世襲化していったことが理由であろう。このように見てみると、徒層は切米を相続の対象とする点においては足軽と共通している。ただし、足軽は組に一括支給されるが、徒は個別に拝領高が定められており、この点は侍層と共通する。侍と足軽の中間的存在なのが徒なのである。

「家中」の範囲

江戸時代、大名家ではよく「家中」という言葉が使われたが、小城藩の史料の中にもよく出てくる。これは小城藩鍋島家という「家」（もしくは

石高分布

	300石以上	200～299	150～199	100～149	50～99	40～49	39石以下	39石以下
親類	2							2
親類格	1							1
家老	2	1	1					4
番頭		1	2	3				6
馬乗士				6	35	18		59
馬上士					1	5		6
平士							231	231
医者					4	1	13	18
茶道							9	9
岡山社嗣外							17	18
副士、徒士外							234	234
計	5	2	3	9	40	24	504	588

「御家」）に所属している構成員、集団くらいの意味であるが、小城藩士の格式でいうと、先の身分格式における大分類の侍から徒までが、小分類でいえば、親類から副士・徒士までが「家中」として把握されている。明和六年（一七六九）八月十六日、小城藩邸内にあった浜茶屋の門前で相撲興業があった際、小城藩では、「御家中」の見物は勝手次第だが、藩士の家来である被官（陪臣）や町人・百姓は除くとしており、民衆は除外している。文政五年（一八二二）八月十九日、小城藩主が倹約を守る旨を命じた「達」では、侍・徒に対して承知したならば印判をするように命じているが、これもまた、侍と徒が「家中」だからこそ対象としたのであろう。

もっとも、同じ「家中」だからといって、身分制社会の江戸時代にあっては、同じ扱いではなかった。この点について、明治四十四年（一九一一）九月五日、旧藩士中島清武が興味深い話をしている。それによれば、まず上級と中級家臣であっても違いがあり、まだ小城藩があった同二年、旧平士（侍格）であった中島は、旧親類格の田尻泰蔵や番頭格の宮地五左衛門とともに、藩庁へ藩政について様々な意見を述べていた。しかし、三人が一緒に意見を述べることについて、田尻は親類格、宮地は番頭格なので、「一個の資格にて藩庁へ出頭し意見を陳べてしかるべきに、一個の平士たる中島と共同し建言するは不都合」であるとの意見があったので、三人で述べることを止めたという。つまり、親類格や番頭格であればひとりで意見を述べても良いが、侍格であり中級に位置する平士であっても、ひとりで意見を述べるのは、はばかりがあるというのである。

次に侍格と副士・徒士格との違いについても、同じく中島の話として、明治二年のことだが、藩士を士卒に分けた際、副士・徒士までを士分としたが、役職は従来通り、旧来の侍格と副士・徒士格で区別していた。このため、旧副士・徒士の若者達が団結して、もしこれを改めないのであれば、旧副士・徒士は全員、役職を退職すると迫ったという。明治維新は、ゆるやかだが身分制を解体するものであると、旧藩士達も分かっていたのに、それができていなかった保守的な小城藩では、内部から批判を受けたのである。

小城藩の軍団編成

小城藩は、佐賀藩の分家大名であるがゆえに、佐賀藩が出陣する際には、佐賀藩の軍団編成の中に包摂されている。例えば、寛永十四年（一六三七）、島原の乱における佐賀藩の軍団構成は、「大組」「馬廻」「大備」に大別される。「大組」は、一五組から構成され、佐賀藩の家老および着座の一部が大組頭として配属された佐賀藩士を率いる。「馬廻」は藩主を中心にした軍団で、親類の神代家が馬廻頭となった。「大備」は、三家、親類、親類同格までで構成されており、それ自体がひとつの軍団を構成する、いわば独立部隊であった。もちろん、小城藩も「大備」のひとつであった。さらに小城藩の軍団も、佐賀藩に比べて規模が小さいながらも、「大組」「馬廻」「大備」からなっている。

そこで小城藩の軍団を見てみると、まず藩士の組み分けは、すでに元和三年（一六一七）から始まっており、佐賀藩から小城藩に付けられていた鍋島生三が元茂の馬廻を決めるとともに、元茂の父勝茂も承認するなどして関与していた。

大組については、元和四年の段階で三組あった。江戸時代は侍が所属する組のことを「与」とも書き、佐賀藩では、「与」＝侍の家臣（陪臣）のことを「私」といったので、陪臣を含んだ組のことを「与私」といった。組には藩士が配属しており、これらの陪臣も含んで「与私」となるのである。

小城藩の組編成について「公儀御普請其外諸役」という史料から見てみると、大組である三組の「触頭」として、三浦四郎右衛門、東嶋市之丞、持永助左衛門がおり、それぞれのもとに、「与私」が配属していた（表）。寛政年間に編纂された『元茂公御年譜』によれば、元和七年に知行の高下によらず組を四組に分けたとする。この（表）で注目されるのは、鍋島貞村、田尻春種、犬塚外記のみ与私が記されていない。これは、これらが小城藩内の「大備」であったためであり、藩が「私」を把握していないのである。

さらに「大備」について、島原の乱の軍団編成を「陣立図」から見てみると、

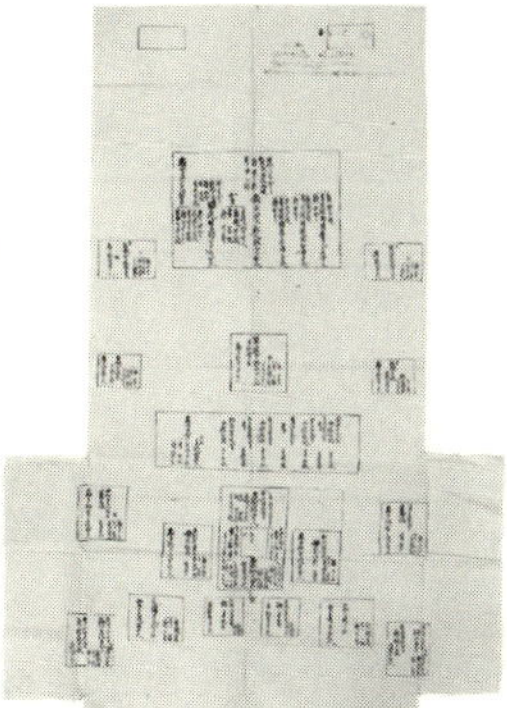
有馬原城一揆之節月堂様御備立之図写（佐賀大学附属図書館蔵）

先陣として、鍋島貞村与私二五六人、田尻春種・昌種親子与私一〇九人、犬塚右馬丞与私四三人、同縫殿信広与私三九人、同左兵衛与私三九人が記されている。ここには、小城藩士は配属されていない。なお、犬塚信広の実父は龍造寺政家の子茂尚である。

小城藩の軍団編成は、元武の時代になると独立した存在であった大備が消滅し、藩主を中心とした一元的な構成となる。同時代の「小城着到」を見てみると、藩主の弟である鍋島元敦、三浦能冬のほか、田尻輝種、犬塚貞忠、犬塚泰通、西能豊が大組頭であった。後、犬塚家は両家とも大組頭ではなくなり、家老となった野口家、水町家、園田家が就任する。そして、馬廻、大組に配属される小組、足軽弓組、足軽鉄砲組、山内無足足軽となった。

② 家臣団格式の整備

佐賀藩の分家であった小城藩の内部でも分家を創り、高い格式を付与した。
藩政を担った家老以下、様々な役職が設置され、藩士は身分格式に応じて就任した。
家臣の中には儒者、医師、大工なども召し抱えられていた。

小城鍋島家の分家・一門

小城藩鍋島家が佐賀藩鍋島家の分家・一門であったように、小城藩の中でもまた、藩主とならなかった庶子に知行を与えて分家としたり、他家の養子となり他姓となりながらも、小城藩主を支える役割を担った一門がいた。

分家・一門として西小路鍋島家と三浦鍋島家が創出された。まず西小路鍋島家の祖は二代藩主直能の庶子であった鍋島大蔵元敦で、延宝二年（一六七四）十二月十七日、直能の誕生日に物成三百五十石を拝領し、元武の後見としての役目を命じられた。元敦は、小城藩の軍団編成では、軍団の後部に位置して、万が一の時には、藩主を逃すために踏み留まって戦う「殿《しんがり》」であった。平時には「自然之節は御留守御床机替」（「御前済帳」）とされ、藩主不在時には藩主の名代となる

現在の西小路鍋島家

「副将」的な分家であった。小城藩鍋島家では、江戸時代を通して、知行を与えて創出した分家は、この西小路鍋島家だけである。

次に三浦鍋島家は、同じく直能の庶子であった三浦靫負能冬《ゆげいよしふゆ》が祖である。三浦家は、佐賀藩の家老格であった深堀鍋島家（物成六千石）の分家で、賢純－茂俊－大学－盛治と続き、賢純代には鍋島直茂の長女を妻とし、大学は島原の乱で戦死した。物成三百三十石を有する、小城藩の中でも上級家臣であった。

能冬は、藩主の弟ということで、貞享元年（一六八四）以降は、藩内の諸儀礼において兄元敦と同じ扱いを受けていた。しかし、元禄十一年（一六九八）二月十四日に盛治が死去すると三浦家へ養子に入ったことで、一時元敦とは異なる扱いを受けた。

例えば、宗門筈《しゅうもんはず》（人別帳）は元敦と異なっていたが、小城藩による親類格創出の一環として、宝永六年（一七〇九）二月、宗門筈を管轄していた佐賀藩に対して、元敦と同じにするように依頼し、許可を得ている。なお、この時、請役家老であった田尻輝種《てるたね》もまた同じ宗門筈となっている。田尻家はすでに同四年九月二十日、江戸の元武から直書《じきしょ》★が送られ、「御一家」の列とすることを認められており（「田尻家譜」）、事実上、同年、西小路鍋島・三浦・田尻の三家が親類格となっていた。能冬の跡は、五代藩主直英の庶子であった能候が養子となり家督を継いだため、享保十九年（一七三四）、鍋島姓を与えられている。

▼直書
直接書かれた書状のこと。

最後に田尻氏は、先述した通り、小城藩中、最大の石高を有する家臣であり、小城藩にとっては、いわば外様大名ならぬ、外様家臣であったが、維種が養子となることで、一門としての性格を強めていった。さらに維種の養子に藩主直員の庶子種信がなっており、同じく、その弟豊明は、家老西豊恭《とよやす》の養子となっている。こうして、藩主の子弟が養子に入ることで、一世代だけでも一門化していくのである。

家老格の成立

小城藩における家老は、「国家永久連続のもとを心がけ、我ら《(藩主)》を補翼致し候儀、老中第一の職務たるべし」（「家老中心得方」）と規定されるように、藩の存続を常に考えながら藩主を補佐する、重要な職務であった。

小城藩の「家老」は、役職としての「家老」と、身分格式としての「家老」に分けられる。

そもそも小城藩における家老は、初期の鍋島生三《しょうさん》による藩政の統括から鍋島（倉町）貞村・直広親子が派遣された付家老制へと移行したが、万治三年（一六六〇）二月二三日に直広が死去すると、付家老は中止された。理由は、直広の子茂村がまだ十五歳であり、付家老としての役割を果たすことができなかったことと、小城藩の中でも身分格式が定まっていく途中であり、田尻氏、犬塚氏、西氏が家老としての職を担うようになっていた。さらに、西小路鍋島家の元敦や三浦鍋島家の能冬が成長するにつれて、藩政を担うことが可能となっていた。なお、小城藩では、佐賀藩にならって家老のことは請役家老といい、その役所のことを請役所といった。

家老としての役職と身分格式は連動しており、これに軍団編成が絡みながら「家老」が整備されていくのだが、画期は三代藩主元武の時代である。これは、元武が将軍綱吉から江戸城山水の間に詰める奥詰に命じられたことと無関係ではないだろう。奥詰に任じられると、参勤交代が不定期となる。このため元武は、国許へいつ帰国できるか分からない状況の中で、藩政を信頼のできる家老に任せる必要があった。

宝永三年（一七〇六）十月、元武は、西能豊《よしとよ》、犬塚民部恭通以外、三浦能冬にも請役所への出仕を命じるとともに、大目付であった野口進之允《しんのじょう》能通《よしみち》を請役家老へ昇進させている。野口は、元武の命により小城藩の法令集ともいうべき「政務格式帳」を作成しており、元武が信頼する家臣であった。同七年閏《うるう》八月二十八日、請役家老に犬塚隼人《はやと》、西能豊、水町貞光を命じ、園田又左右衛門を江戸家老とした。翌年二月二十三日には、園田と東助右衛門を請役家老に準じる「家老加判」に格上げしている。また、この時期は、持永氏が家老に任じられることもあった。もっとも犬塚恭通《やすみち》は、享保十二年（一七二七）に米売買の不正・およびその隠蔽が発覚し、帯刀取り上げ、家財没収、小城・佐賀・杵島・神崎・松浦五郡払いという厳しい処罰を受け、家老格を維持できなかったが、同年、許されて、子の一勝が四十石を新たに拝領している。

さらに犬塚氏については、もう一家、本家筋の系統であった舎人《とねり》貞忠《さだただ》が藩の許可なく田尻輝種の二男を養子に願ったまま死去したため、本来は断絶と処されるところ、代々「家老」を務めた功績により弟の斉に物成二百石にて家督相続が認められた。しかしその後は姓も宇都宮に替え、寛政年間（一七八九〜一八〇一）には物成四十石に減少しており、家老としての家格を維持できなかった。

さらに、東氏と持永氏もまた、享保十七年十月十五日に、権勢を立てて藩の蔵米を転売したことが発覚し牢人処分を受けた。この二家は後に、藩への帰参が許され家老の次の家格である番頭に位置付けられたが、やはり、家老格を維持できなかった。

こうして江戸時代中後期になると、家老格は西、水町、野口、園田各家によって固定化され、軍団編成においても、親類格とこれら四家の家老格のみが、大組頭となることができた。ただし、政治を担う役職としての家老は、その後、村川氏、太田氏などが任命されて人材の流動性が確保されていた。

小城藩の職制

小城藩において政治を司り行政全般を統括するのが請役所で、この長を頭人《とうにん》、または当役《とうやく》といった。親類・家老の中から就任した。これに財政を担当する蔵方の頭人と、役人の正邪をはじめ徒や足軽を含めて武士や領民を監視する目付方の頭人である大目付が請役所頭人を補佐した。また侍層から登用される相談役も当役を補佐した。

「政務格式」によれば、毎月二日、十二日、二十二日は、四つ時（午前十時）に親類、家老、大目付、蔵方頭人、相談人、郡奉行、惣目付、町奉行、郷目付が桜岡に出勤して政務を執るように規定されている。これらの役職の者が相談しても決まらない場合は、親類、家老、大目付、相談人が「密談」をして決めるようにも規定されている。

蔵方については、蔵方頭人を筆頭にして、蔵方役、代官役（上下佐保川嶋、下佐保川嶋、上中道、下中道、東芦刈、西芦刈、山内、山代）、銀蔵役、牛津蔵番幷米取納役、検地役、修理方幷手男支配役、台所役、借銀取納幷上地役、井樋指役、検見役、耕作水支配役、浜崎蔵番納米支配役、郷目付役、山代心遣役、山内心遣役、残物役、上米上乗役、寄合方、となっていた。上米上乗役、寄合方を除き、すべ

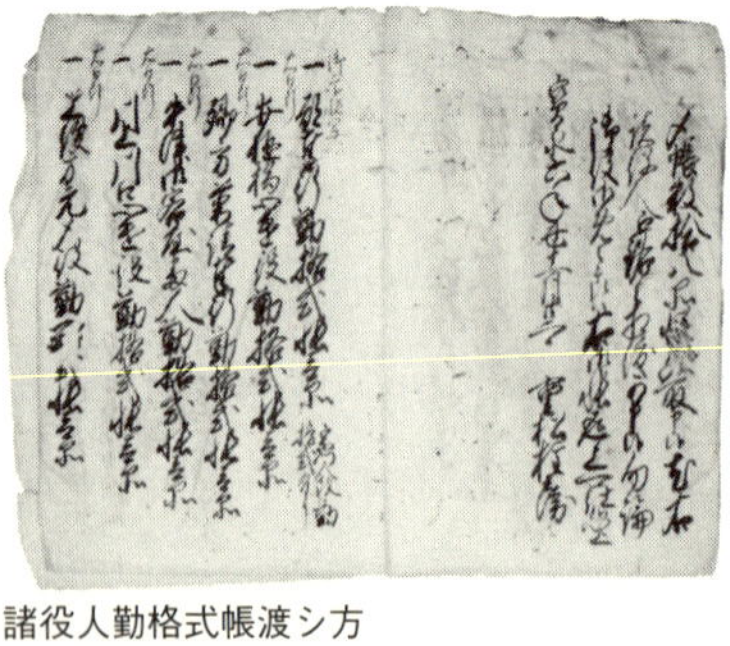

諸役人勤格式帳渡シ方
（佐賀大学附属図書館蔵）

ての役に平侍が就任し、その付役として小頭が配置されていた。上米上乗役、寄合方は小頭が就任した。

寺院および僧侶を管轄する寺社方や、軍団を取りまとめる出陣方、桜岡館の修理をはじめ、藩内の施設の修繕を担当する修理方や、馬を飼育・管理する厩方、司法を取り扱う評定所などがある。また臨時の機関として、立法や制度改善については仕組所が設けられ、ここで議論されることもあった。

地方には、藩主お留め山の管理をはじめ、竹木の植樹、伐採、売却などの殖産まで含めた役割を担っていたのが山方であった。天保九年（一八三八）からは領内北部の山岳地帯である山内に目代という在住代官が置かれ、同所の行政を担った。

藩主の狩猟に関することを取り扱うのは猟方であり、猟方には狩座《かりくら》が属していて、日常は、鳥獣の繁殖、増減、移動などを監視していた。なお、小城藩では狩座を「カクラ」といった。また『小城郡誌』によれば、「カクラ」は小城藩独自のもので、元武が幕府から富士の狩座を許されたことに起因しているという。狩座は領内藤折において、純白の猟犬百頭余りを飼育し、首に「狩犬」と刻印した鈴を付けて、山から下りてくる猪や鹿の駆除に利用したという。

諸役人の内、①大目付、用人、江戸屋敷頭人、蔵方頭人、②相談人、江戸聞番、江戸元〆、郡奉行、③桜岡屋敷番、取次、奥方頭人、惣目付、町奉行、寺社奉行、

山方頭人、旧記方頭人、山方頭人、山代心遣人、山内心遣人、佐賀聞番、修理方頭人が同じ格式となっていた。

奥の役職

桜岡館は、政治を行う表と、藩主や家族、そして、それらに仕える女中達が日常生活を送る奥に分かれており、奥は内とも呼ばれた。この奥を統括しているのが奥頭人（内頭人）であり、七十石から八十石あたりの侍から選ばれた。なお、佐賀藩では年寄といい、藩主の側近として重要な職であった。

奥頭人の職務は「奥頭人、目附、鎖口番、台所頭人、医師勤心得」（小城鍋島文庫）によって定められている。例えば奥に務めている者達の善悪や勤務を管理し、意見することもあった。もし意見しても改めない者がいれば惣目付へ上申することになる。親類や家老が不時に藩主へ御目見する時は一緒に詰めることも定められている。藩主に対して親類家老が、礼を失することがないかどうかを監視するためであろう。また、奥方が佐賀城を訪れたり、寺社へ参詣に行く時にも内目付、鎖口番人とともに同道することが義務付けられている。奥は藩主の側近く仕えるがゆえに、時に権勢を強くすることがあり、幕末期に刃傷事件のあった太田蔵人も側頭であった。

奥には、琴や三味線の稽古のため、座頭《ざとう》★達も出入りしていたが、その際には鎖口番が付、練習は七つ時までとした。女中達が稽古をする際には、女中目付と徒目付が付、鎖口のあたりで稽古を行った。

奥には女性も務めている。奥の総取り締まりとしての役割を担っていたのが老女で、『小城郡誌』には「其の権勢割合強し」と書かれている。老女の補佐・代理を務めるのが中老である。

なお、中局は、藩主の妾などがいる場所をいった。側役としては、四人が命じられ、二人宛、藩主の妻の寝所の次の間で宿直をすることになっていた。男性と同じく、目付もいた。これは四十歳前後の侍層の寡婦から採用され、奥の取り締まりや内外の男性役人との連絡・交渉などを行ったため、特に人選を厳しくした。中位の侍層から十歳前後の娘が「少女」として採用され、給仕などの小間使いをしていた。副士や徒士の娘は「おなかへ」として採用され、取り次ぎなどを担った。足軽以下、百姓や町人の娘も、「手打」(後、おすえ)として採用され、炊事・洗濯などに従事した。

▼座頭
琵琶法師など盲人の通称。

多様な家臣団

本来、武士は戦うことを職業としたが、中には、それ以外を専門とする藩士もいた。小城藩士の内、家業としている職業を書き上げた、寛政期頃と推定される「家業帳」（国文学研究資料館）によれば、儒者、医者などのほか、鑓術、弓術、馬術といった武術に関することや、鎧を修繕する鎧師をはじめ弓師・矢師・弓師・大工・鍛冶など、実際の合戦で使用する道具を製作・修繕するために抱えられている者もいた。また、砲術師もいる。

さらに儒者・太鼓・笛・茶道などの学問・芸術を家業とする者や、鷹師は藩主の遊芸のために抱えられていたのだろう。藩邸内外の物品の修繕をするための大工・表具師・塗師・桶屋なども、藩によって召し抱えられていた。儒者や医者は侍格であったが、大工や表具師などの職人的性格が強い職は徒士格であった。職人徒士は、平時には、藩主や藩邸の修繕などに従事したが、いざ合戦という時には戦陣にも参加するために召し抱えられていた。安永五年（一七七六）、家職を持つ藩士に対しては、ほかに役職を申し付けないと定められている。

藩外からの人材登用

小城藩の家臣団は、戦国時代に龍造寺氏の北部九州侵攻に伴って従属した家を中心にしたいわゆる八三士や七七士を中核とした、「譜代」の家臣であったが、さらに、その二男や三男などを取り立てて成立した。

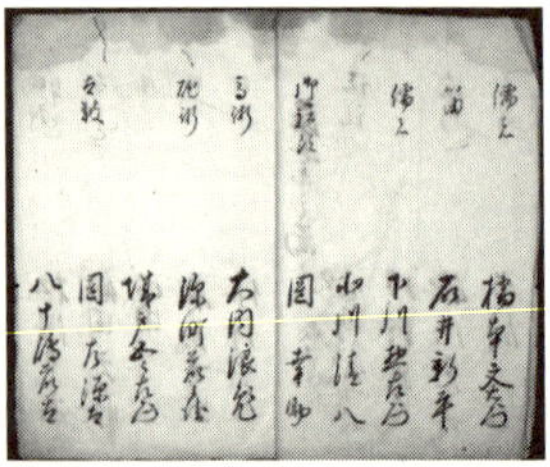

家業帳（小城鍋島家史料館　国文学研究資料蔵）

江戸中後期は、他国からの人材が必要な時期であった。それは財政難に由来するものであり、寛政二年（一七九〇）十一月二十四日、備中国倉敷の幕府代官万年七郎右衛門の手代をしていた三宅良左衛門を召し抱えた。早速、藩では三宅を大坂蔵屋敷の留守居役とともに、借銀方に命じている。三宅は経歴からいって、経理に長けており、大坂の商人との交渉に当たらせるためであろう。

また十二月二十一日には、公家正親町公明《おおぎまちきんあき》に嫁いでいた直員の娘千屋（千加）姫の御用達であった辻吉兵衛に町人扶持を与え、二十四日には、同じ肥前国唐津の商人田中庄平へ借銀返済に貢献があったとして、町人扶持を与えている。町人扶持とは、献銀など藩財政に貢献のあった町人に対して、扶持を与えることで、武士身分を与えることである。

長崎向きについても、長崎の乙名《おとな》★の一族である徳見官左衛門を召し抱えている。ちなみに徳見家は文政八年（一八二五）の時点で物成八十石に達しており、石高だけで見れば、小城藩においては、もはや上級家臣である。

▼乙名
町年寄のこと。

③ 町・村・街道

小城藩の領内には政治の中心である小城町、商業の中心であった牛津町があった。
小城藩主は小城郡を統轄する小城郡代に就任していた。
村には大庄屋や庄屋が、町には別当がいて支配が行われた。

小城町

小城藩領には小城と牛津という双子的町があったものの、その性格や機能は大きく異なっていた。桜岡の館下に広がる小城町は、藩主屋敷の桜岡館を中心に、家臣団の屋敷が建ち並び、さらに町屋が広がる、いわば政治の町（陣屋の町）であったのに対して、牛津は長崎街道の宿場町として本陣・脇本陣、商家などが立ち並ぶ商人の町であった。

小城町の成立は、中世に同地を治めていた千葉氏の時代に遡る。牛頭《ごず》城（千葉城、祇園城とも。小城市小城町松尾）を拠点とした東千葉氏の時代は、祇園川沿いに町屋が広がっていた。しかし戦乱により荒廃してしまったため、初代小城藩主元茂は、祇園川に対して直角に上町・中町・下町として町の再建を図った。これ

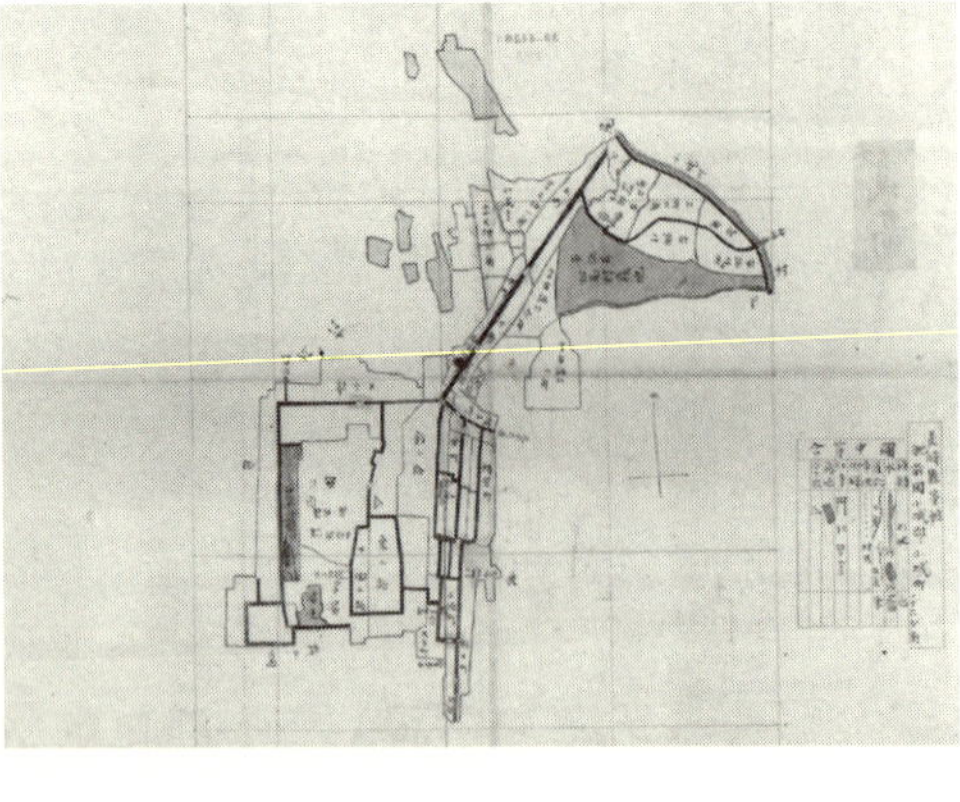

小城町図（佐賀県立図書館蔵）

が近世の小城町となっていく。

　その後、岡を中心に岡町が形成され、東小路、西小路、南小路、北小路、新小路、下岡小路、畑田小路、中小路、永岡小路、鯖岡小路、さらに新小路の一部に下新小路があり、稲荷小路、八本末、ドックウ小路があって、ここには主に小城藩士の屋敷が建ち並んでいた。町屋は大手町、裏町、蛭子《えびす》町をはじめ、正徳年間（一七一一～一七一六）に成立した正徳町へと広がっていく。

牛津町

　牛津は、「一（市）は高橋、二（荷）は牛津」と歌われ、後に「西の浪華《なにわ》」とまでいわれる程繁栄したが、町の成立に関する時期は定かでない。しかし、中世から小城郡内では最も重要な港であり、江戸時代初めの「慶長年中肥前国絵図」（公益財団法人鍋島報效会蔵、佐賀県立図書館）には、後年の長崎街道である有明海沿岸部の街道が描かれている中で、筑後方面から「田代・瓜生野《うりゅうの》宿・轟木《とどろき》宿村・寒津《しょうず》・竜蔵（造）寺城・八戸《やえ》・加世《かせ》（嘉瀬）・牛津町・山口（以下略）」と、「牛津町」の名が記されている。このことから、すでに慶長年間（一五九六～一六一五）には、町として発展していたことが分かる。また、幕府が作成を命じ、佐賀藩が完成させた「正保国絵図」には「牛津村　二百二十五石八斗五升四合」と書

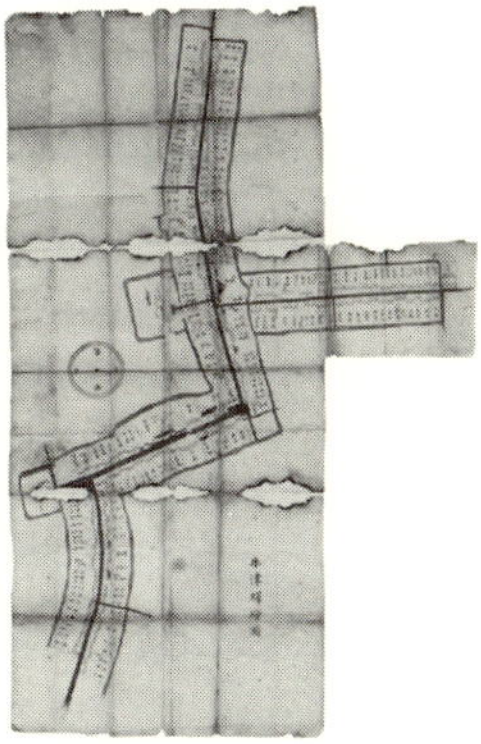

牛津駅絵図（小城市立歴史資料館蔵）

かれている。

なお、寛政元年（一七八九）六月一日、幕府の巡見使★小笠原長知が牛津で止宿した。この時対応したのが大庄屋篠原文左衛門で、牛津の町数や町民の人数を聞かれると、「家は一七〇軒余、町民は七六〇人ほどいます」と答えている。

牛津町は長崎街道に位置する宿場町であり、津として船便の利用も多く、長崎警備を命じられている佐賀藩にとって重要な町であった。牛津は、領内のほかの町と異なり公共的な性格が強い町であった。

牛津には、本町と新町があり、本町には高札が掲げられた。新町の成立は、寛永九年（一六三二）で、元茂が領内に桐子町をつくるため、船便の良い牛津に新町を設けた。近郷の者の移住を呼びかけ、本町に対して新町と名付けたという。その後には、小城藩主が参勤交代する際の船役を町が務めた。町中より佐賀藩から船役などの役を命じられることがないようにとの願いがあったため、元茂が勝茂に掛け合い特権を認められた。

街道

小城藩領の大きな街道として、領内の南側に、江戸幕府における脇街道のひとつとして長崎街道が通っていた。長崎街道は、豊前国小倉《こくら》と長崎を結び、人馬の

▼巡見使
諸国を廻る諸国巡見使と幕府領のみを廻る御料巡見使があった。諸国巡見使は、天和元年（一六八一）以降、諸国を八つに分けて、将軍が代替わりするごとに派遣された。

牛津新町（六間橋より）

通行はもとより、長崎からの物資が運ばれ、海外を含めた情報が行き交う極めて重要な街道であった。長崎街道には、小城藩領の牛津宿があり、本陣と脇本陣が置かれ、長崎奉行をはじめ、大名や、時には長崎から江戸へ向かうオランダ人や朝鮮通信使として来日した朝鮮人も宿泊する町として大きく賑わった。

一方、領内の北側には、神崎尾崎村から佐賀郡尼寺を通って久留間《くるま》に向かい、小城郡に入ると、深川、大地町と抜けて、桜岡を南に見ながら晴田《はるた》に至る、高木上道と呼ばれる、小城往還（神崎往還）も主要な幹線道路であった。

大配分★領主としての小城藩

近世初期から幕末に至るまで武士（給人ともいった）に土地を与える地方知行制を取り続けた佐賀藩では、領主としての権限の違いによって、給人（家臣）を大《だい》配分《はいぶん》★と小配分に分けた。江戸では将軍の家臣であった小城藩主も、国許では、佐賀藩主に仕え、その支配のもとに自己の領内支配を行っており、佐賀藩から大配分領主として位置付けられていた。大配分は、佐賀藩の身分格式上、三家（小城・蓮池・鹿島各鍋島家）、親類（白石鍋島家、久保田村田家、神代《くましろ》家、村田鍋島家）、親類同格（諫早家、多久家、武雄後藤家、須古鍋島家）までであり、続く家老（横岳、神代《こうじろ》、深堀、倉町、姉川、太田、山代各鍋島家）、着座《ちゃくざ》★以下、侍、手明鑓《てあきやり》★などは小配分とさ

長崎街道（佐賀市）

▼大配分
佐賀藩では知行支配の強弱によって大配分・小配分と分けられた。大配分は小配分と比べて、独立的な支配が認められていた。

▼着座
藩政に参与できる格式。後には着座十八家と称した。

▼手明鑓
もともと、元和六年（一六二〇）、家臣の中で、当分御用に立たない者について、現米十五石を支給し、普段は無役、合戦時には鑓一本を持って出陣するように定めたとされる。もっとも、後年になると、手明鑓にも役職が与えられるようになった。

れた。ただし、家老・着座層の一部は大配分に準じる大配分格として認められていた。

大配分は、自家で領内支配を行う権限が小配分よりも大きく認められており、例えば、小配分領主は山林の樹木を伐採する際には、佐賀藩の山方に届け出なければならなかったが、大配分領主では自分自身の考えや政策で伐採できた。刑罰についても大配分領で起きた事件や事故に対して、加害者・被害者ともに当該大配分の領民であれば、佐賀藩が介入してくることはなく、自分手限りで行うことができ、死刑も執行した。もっとも、親殺し、主殺しといった「逆罪」のみは、佐賀藩が取り調べて裁許を下した。また年貢以外の税金として取られる高掛物《たかがかりもの》★の収納高も大配分と小配分では異なり、労働課役として徴収される夫役の代わりに支払う米（代米）である反米の場合、大配分は一石に付三升を、小配分は同じく一石に付二升をそれぞれ自家に収納することができた。なお、反米は藩主が本年貢とは別に独自に使用する懸硯方《かけすずりかた》★の財源になる。

▼高掛物
村の役人の給料分等となる口米・反米・夫米といった租税のこと。

▼懸硯方
藩主の御手元金で機密費にもなった。

郡代による支配

小城藩における領地の支配は、大配分領主としての同藩自身による支配と、佐賀藩の役職である小城郡代として行う支配に分けられる。つまり、ふたつが重なって領内支配を実現していたところに特徴があるのだが、前者の代表的な権限としては、年貢を取る徴税権や、犯罪者を処罰する刑罰権（一部を除く）、家臣団支配などがあげられる。後者については、代々の小城藩主が小城郡一帯を管轄する小城郡代に就任して、同郡内の支配を行った。もっとも実際に職務を担ったのは小城藩の家臣であった下代《げだい》（「下奉行」）だが、「郡代」や「郡奉行」などと呼ばれ、就任すると、小城藩および佐賀城本丸へ誓詞を提出した。これは、郡代が佐賀藩の役職であることを示している。

なお、小城郡代と蓮池・鹿島両鍋島家が担当する藤津西・東両郡代は藩主交代時に就任する定役であった。しかし、多久家、諫早家、横岳鍋島家などの大身家臣が佐賀・神埼・高木各郡代、三根《みね》・養父《やぶ》郡代、杵島《きしま》・松浦《まつうら》・彼杵郡代に就任する場合は、毎年九月に交代するので秋役といった。

小城郡代については、二代藩主直能が、延宝三年（一六七五）四月十九日付で「郡方御定」を制定し、大庄屋の監督や土井普請、領内から徴発する夫丸《ぶまる》★、芦刈水道の井樋料★などに関して規定した。

さらに、小城郡代の職務については、三代藩主元武によって、本家が制定した郡代の「御掟」をさらに小城藩の状況に合うように規定し直した「郡奉行勤方格式」（小城鍋島文庫）を制定している。

郡代の職務としては、長崎街道および牛津町の本陣の管理、長崎奉行や街道を

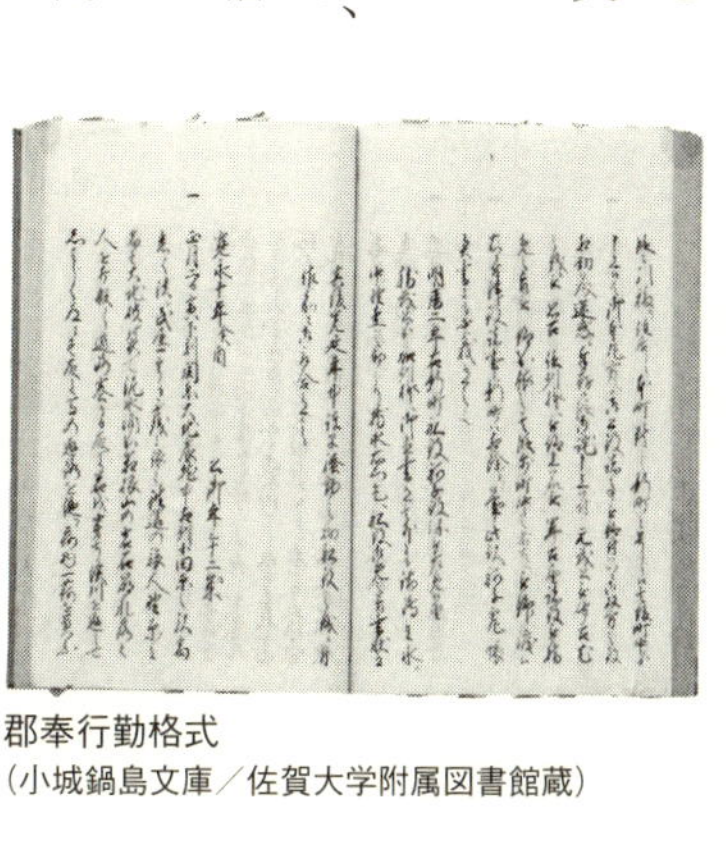

郡奉行勤格式
（小城鍋島文庫／佐賀大学附属図書館蔵）

▼**夫丸**
人夫・人足の称。

▼**井樋料**
主に田畑の水道維持にかかる費用のこと。

通る諸大名への対応、キリシタン禁制の徹底、土井・河川・水道の管理、郡内治安の維持、祭礼の監視などがある。郡代は、領内支配を安定させていく上で欠かすことのできない重要な職務であるが、これが佐賀藩の広域支配を実現するための役職であるところに特徴がある。

ところで小城郡内には、小城藩のほかにも、本家の家臣の知行地が設定されていたが、中でも最大の石高を有していたのが多久家であった。小城郡代は職務に必要な場合、この多久家領の支配にも関与していて、例えば、元禄十二年（一六九九）一月晦日、佐賀藩の役所である小物成★方から、酒運上に関する切符を停止する旨、小城郡代に指示が出された。これを受けた小城郡代は、多久家領の中でも西郷と別府の二カ所にあった大庄屋へ触れている。大庄屋達は、これを多久家の会所に達し、領内に伝達してよいかどうか指示を仰ぎ、許可されたので、触れている。

大配分領主が就任した郡代の機能は、天保九年（一八三八）の佐賀藩主鍋島直正による郡方改革によって、佐賀藩直轄の代官の権限が強められると次第に低下していき、さらに嘉永四年（一八五一）九月には、郡方改正により佐賀代官所が郡代の仕事を行うことになり、小城藩の領内支配の権限は弱められていった。

▼小物成
田地にかかる正税に対し、山林、原野をはじめ、商売の営業税などその他の雑税のこと。

郷と大庄屋

佐賀藩領内において、郡のすぐ下の行政単位は郷であり、小城藩領は、三ヶ月郷、北郷、南郷、東郷、西郷、五百町郷、平吉郷、山代郷からなっていたが、山内郷、佐保川島郷、北郷、西郷、平吉郷、山代郷に時代は分からないが、まとめられていった。このように小城藩領における広域行政の単位である郷は、時代や地域の状況によって変化している。

郷には、大庄屋がひとりずついたが、安政六年(一八五九)六月、小城藩は佐賀藩に対して、西郷の大庄屋古賀広助が病気のため職務を遂行できないため、北郷と平吉郷を合併したいと願い出た。小城藩は、平吉郷の大庄屋に北郷も管轄させたいというのである。しかし佐賀藩では、大庄屋は何百年にわたって置かれた役職で、古賀家は戦国時代に鍋島直茂が豊後大友軍を撃退した今山の戦いでお供をした家筋なので取り潰す訳にはいかないとして、小城藩の願いを却下している(「日記」)。小城藩領の大庄屋は、基本的に小城藩に属していたが、天保十一年(一八四〇)十二月晦日には、翌年一月九日に佐賀藩主が御目見をするので佐賀城へ来るように命じられていることから、佐賀藩と小城藩に両属するようになっていたことが分かる。

大庄屋は、郡代の指揮・命令下にあったが、その職務としては、天保十二年六月に北郷大庄屋犬山万之允《まんのじょう》が記した「大庄屋役覚」によれば、幕府巡見使への対応、配分地における願書や触達などの取次、村の親孝行者・長寿者や変死などの報告、反米など高掛物の徴収、他郷の者が病気になった場合の手当や連絡、欠け落ちした者の探索、宗旨人別帳や宗門改に関与し、虫害の報告なども行った。大庄屋は徒士格で二本差しが許されていた。職務の多い大庄屋のもとには大散使がおり、手代として大庄屋を補佐した。さらに郷の下には村や町があった。

村の組織と税

庄屋はおおよそ二、三カ村から、多い者で七カ村程度を管轄し、村民の風俗取り締まりをはじめ、村の水利、稲の発育状況の監視、救恤などを行った。また各村には点役庄屋、石方庄屋がいた。点役庄屋は佐賀藩および郡方の支配に属した。石方庄屋は小城藩に属し、年貢の収納を取り扱った。

小城藩の年貢は、正税である本途物成と、様々な付加税からなる小物成に大別できる。小城藩の物成高は四ツ成とされ、四公六民ということになる。しかし、これは七万三千石余の石高を割り出すための形式上の税率で、実際は六〜七割を藩へ納めたといわれる（『三日月町史』）。したがって、小城藩の石高を物成で表示する場合は、四ツ成にして物成二万九千三百石余とされた。

このほかの税として、佐賀藩では高掛物と呼ばれるものがあった。これは口米、反米、夫米であり、まず口米は、庄屋・横目などの村役人に支給されるために徴収された税で、一石につき四升掛けられた（四部口米）。夫料の代わりとして、反米と夫米が取られたが、特に反米は、時代によっても異なるが、小城藩自身が収納する二部反米と本家へ納めなければならない三部反米があった。こうした小城藩から佐賀藩へ納める税があることが、小城藩の特徴でもあるが、このほか、人頭税も佐賀藩へ納めた。

町の組織と税

小城の小城町・岡町、牛津本町・同新町にはそれぞれ、別当が置かれ、上納金、運上金といった税を藩へ納め、宗門改、人別改の際には出勤して立ち会った。佐賀藩・小城藩からの達がある時には、散使を以て触れさせた。散使は、別当からの通達を町役に伝えたり、あるいは町中に触れ歩くなどもした。また町家へ伊勢神社の大麻暦《たいまれき》を配付する際も別当や散使が取り扱った。別当は、勧進相撲を藩へ願うこともあった。江戸時代、相撲は人気であったから、人々の楽しみにもなり、かつ近隣から人が集まることで町人の中には生活を凌ぐことができる者もいた。

別当に下には、それぞれの字ごとに町役がいて、上納金、運上金といった税を直接、取り立てて別当へ納める業務を担った。

領民を保護する藩

藩は領民から年貢を徴収するが、その反対に、領民が年貢を払うための生活を保護することも役割としてあり、いわば公共的な側面も有していた。

「日記」から、事例を見てみよう。寛政五年（一七九三）一月二十一日、山内の大串村の伊右衛門の娘が流行病のため、母をはじめ家族全員を亡くしてしまった。すでに父も死去しており、天涯孤独の身となってしまったのである。このため、藩では、米五俵を添えて、同じ村の百姓善右衛門の養女とするように命じている。

文化七年（一八一〇）七月二十七日には、西川宿で火災があった。藩は困窮している被災者八名に対して、介抱米を与え保護している。

④ 領外での活動

小城藩は小城以外、江戸、大坂、長崎にそれぞれ屋敷を持っていた。
江戸屋敷は本家から譲られた上屋敷や、自身で購入した抱屋敷があった。
大坂屋敷は年貢米の売却などに、長崎屋敷は長崎警備に、それぞれ関与した。

江戸屋敷

大名家の江戸屋敷は、幕府から拝領する拝領屋敷と、藩で購入する抱屋敷に分けられる。拝領屋敷は藩主と正室が住む上屋敷、嫡子や隠居が住み、火事などの際に避難場所となる下屋敷に分かれ、さらに大きな大名家になると中屋敷もある。

小城藩の江戸における上屋敷は、幸橋屋敷（現・東京都千代田区内幸町）であった。もっとも小城藩は、もともと本家の庶子扱いであった部屋住格大名であったこともあり、幕府から上屋敷を拝領することはなかった。幸橋屋敷は、実は佐賀藩主であった鍋島勝茂が拝領した佐賀藩の中屋敷であり、小城藩では、この中屋敷をさらに佐賀藩から譲り渡されることで、上屋敷とした。なお、佐賀藩の上屋敷は桜田にあり、幸橋屋敷とは至近距離にある。

小城藩上屋敷跡
（東京都千代田区）

江戸の上屋敷の職制としては、江戸元〆御屋敷頭人（江戸家老）、留守居、大目付、留守居添役、状方、納戸、広間番、右筆、納戸付役、屯番《たむろばん》があった。

元禄六年（一六九三）、元武は五代将軍綱吉から南本所に屋敷地を拝領した。奥詰に就任した直後のことで、本所下屋敷は小城藩で唯一、将軍から拝領した屋敷である。元禄十五年、この本所下屋敷と神保兵庫茂清の虎ノ門屋敷二〇〇〇坪を交換している。虎ノ門屋敷は十八世紀中まで小城藩の屋敷であったが、寛政年間（一七八九～一八〇一）の江戸の絵図を見ると、美作国勝山藩三浦家の屋敷地となっており、小城藩は勝山藩へ譲渡したものと思われる。小城藩と勝山藩は以前に婚姻関係にあった。

土地を購入する抱屋敷としては、十七世紀には梅園屋敷と呼ばれる抱屋敷があったようで（『直能公御年譜』）、寛文八年（一六六八）の江戸大火の際は、直能、伊賀、元武が避難している。梅園屋敷の詳細は不明であり今後に委ねたい。

さらに小城藩では麻布の本村町に抱屋敷を持っており、北西には鍋島家の菩提寺で元茂の墓もある賢崇寺《けんそうじ》があった。また、万治二年（一六五九）には、品川大井村内の浜川屋敷を抱屋敷として百姓から購入するとともに、隣接する屋敷地を借り入れている。述べ坪数六三二〇坪を有し、書院を咸臨閣と、泉を蟠龍泉と、緑竹の林を鳥止園とそれぞれ名付けたが、延宝三年（一六七五）に代金二二五両にて佐久間勝豊（信濃長沼藩）へ売却している。

麻布の抱屋敷跡

賢崇寺

話は前後するが、直能は、寛文八年、まだ江戸の郊外であった中渋谷村（東京都渋谷区）の苗木山屋敷を秋田淡路守より小判六〇〇枚にて購入している。浜川屋敷を売却したのは、苗木山屋敷の方が面積が広く、使い勝手がよかったためであった。苗木山屋敷は、坪数一五〇〇〇坪程あり、さらに翌年、隣地の水野谷家（備中松山藩）の屋敷四二九〇坪を買い求めて敷地を拡大した。

直能は、浜川屋敷の時から、交流のある林鵞峰をはじめとする林家一門をはじめとする儒学者達と交流を重ねていたが、苗木山屋敷を直能は薫山と名付け、林家をはじめ、能役者高安彦太郎を招いて能方伝授を受けるなど、文化交流の拠点としていた。もっとも延宝八年秋に、佐賀藩へ金一〇〇〇〇両にて売却している。

小城藩の抱屋敷として興味深いことがある。江戸時代に開発された深川の内、現在の江東区北砂東砂の一部で忠臣蔵で有名な吉良義央の下屋敷の隣に小城藩に関係する屋敷があった。「亀戸高橋治兵衛新田村絵図」（江東区　深川江戸資料館蔵）には、「鍋島紀伊守殿御家来　大塚市之助」となっている。小城藩士の大塚市之助の屋敷となっているが、当然、その主君の鍋島紀伊守の屋敷であることは間違いない。なお、本図の作成年代は、天和元年（一六八一）から元禄十年（一六九七）なので、「紀伊守」とは元武のことである。

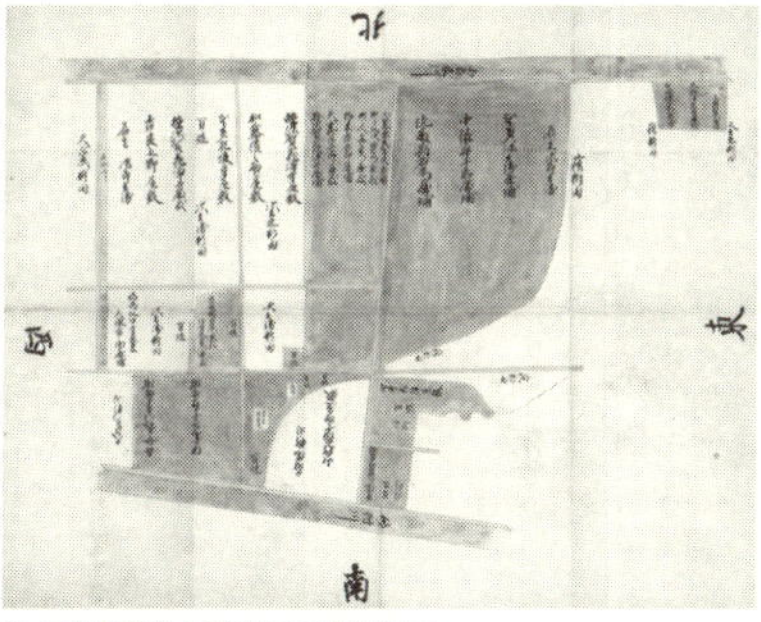

亀戸高橋治兵衛新田村絵図
（江東区深川江戸資料館蔵）

深川の抱屋敷付近

大坂蔵屋敷

大坂の天満大江橋《てんまおおえばし》の東側に蔵屋敷（大阪市北区天満四丁目）があった。屋敷の東側は佐賀藩の蔵屋敷があり、南側は中之島で、諸藩の蔵屋敷が建ち並んでいた。

大坂の蔵屋敷の職制としては、大坂留守居、大坂下目付、右筆、給仕、銀方付役、会所付役、蔵方付役、銀蔵方、納戸、油部屋があり、金銀・米に関する役職が設置されているところに特徴がある。大坂へは、小城郡平野部の米は牛津から、山内の米は唐津浜崎から、山代の米は伊万里から、それぞれ船で運ばれて金に換えられた。米相場によって換えられる金額は大きく変動するから、相場を見極めることも大坂屋敷の役割として極めて重要であった。

この点、旧藩士留守長秀が明治時代になってだが、おもしろい話をしている。幕末頃の話だと思われるが、留守居によれば、まず天保山《てんぽうさん》に登り、遠眼鏡で各藩の船を見ることで相場を判断していたそうである。船のスピードによって、この船は雑貨、この船は米を積んでいる、などということが分かってくる。山の上から、今日は船が何百艘、何十艘などと報せる。米を積んだ船が多く入ってくると、市中の相場は安くなるし、船が少なければ、米相場は高くなる。こうした状況を利用して、小城藩では、後に購入した大木丸で大もうけをしたという。

小城藩邸跡に建つ碑
（大阪市北区）

長崎屋敷

小城藩は長崎にも屋敷があった。屋敷地の場所については、佐賀藩へ長崎の屋敷替について説明する「日記」(文化二年〔一八〇五〕七月一日)によれば、年代は分からないが、もともと小城藩は長崎の西築町に屋敷があったが、筑前宿町へ移ったという。しかし、屋敷が大破したため、向かい側の東筑町に屋敷を替えていた。東筑町は筑前宿町の内である。しかし、この東筑町の屋敷も老朽化により建て替える必要があったものの、この時、財政難の小城藩では、その費用が出せなかった。このため、東筑町の土地を売って、その代金で同町のお抱え御用達であった徳見伝助の抱屋敷を買い入れれば、すでに屋敷もあるので、建て替えの費用を支出しなくて良いとのことであった。

天保七年(一八三六)四月二十一日「日記」の記事によれば、徳見家より屋敷修繕に付、費用拝借の願いがあり、小城藩は金三〇両を与えているので、この移転は本家からも許可されたようで、徳見伝助の抱屋敷が小城藩の長崎屋敷になっていた。小城藩では富裕な町人の屋敷を買って長崎藩邸にしていたのである。長崎屋敷は、長崎出張の役人をはじめ、足軽や飛脚の宿泊に使用されたり、徳見家からは長崎奉行の動向が伝えられるなど、藩邸として機能していた。

これも小城

小城の名物

羊羹

　小城は羊羹で有名である。小城市三日月町出身で東京商科大学、九州大学、京都大学、大阪大学などで教鞭を執った高田保馬（経済学・社会学）は、戦後、故郷に一時帰郷していた際、「羊羹の甘きを子らに願へども　見つつ過ぐるも幾日のこと」（羊羹が甘いように子ども達にも甘くかわいい時期を願うけれども、子どもは成長してしまい、甘い時期はわずか幾日で過ぎてしまうだろう）と詠んでいる。

村岡総本舗・提供

　小城における羊羹は、昭和九年刊行の『小城郡誌』によれば、明治五年、旧藩時代は藩の御用肴屋であった森永惣吉が製造し、人気を博したため、羊羹業に専念するようになったという。羊羹は風味を損なうことなく貯蔵できたため、特に同二十七年から二十八年の日清戦争では、戦地にも輸送され、五月の梅雨時にも変質しなかったことから、兵士達にも人気で、ますます注文を受けるようになった。その後、小城町では羊羹を製造する者も増え、小城といえば羊羹といわれるまでになった。現在でも地元の人は、お店によって好みが分かれる程である。

祇園祭

　九州における祇園神社の祭礼としては、博多の祇園祭や唐津浜崎の祇園祭が有名であるが、もうひとつ小城の祇園祭も、一時中断はあったものの、中世から現在まで続く伝統的な祭礼である。

　正和五年（一三一六）、関東から千葉常胤が小城へ下向してくると、小城の町や祇園社（現・須賀神社）を創建したという。祇園社の神事として、毎年六月十五日に挽山が始まった（「元茂公御年譜」）。

　近世になると、鍋島直茂・勝茂親子のもと、祇園祭も鍋島氏の庇護のもと開催された。挽山の山鉾は、「先山」と「跡山」のふたつが引かれ、それぞれに人形が載せられた。人形は浄瑠璃を題材として作成されることが多く、クジによって決定された。江戸時代、山鉾に乗る「山役」は小城藩士のみであり、山鉾は小城下町から上川原まで農民が挽いた。道中には桟敷が設けられ、藩主や親類・家老などが見物をしており、祝い酒が振る舞われた。

　その後、明治十六年（一八八三）には、小城上町・中町・下町の三町が参加して開催される現在の山挽が確認される。小城の祇園祭は、中世から現在に至るまで、小城の人々によって受け継がれてきた祭りである。

第五章 揺れる藩政

江戸中後期、藩財政の悪化、災害、身分の動揺など、様々な問題が起きた。

上町（小城市）

① 揺れる藩政

三代藩主鍋島元武の死去後、まだ新藩主元延が若年であったこともあり、家臣団は動揺した。

直英は佐賀藩家臣多久家へ養子に行っていたが、実家である小城鍋島家へ戻り藩主となった。

本来藩主を補佐すべき親類格も不正により処罰を受ける事態となっていた。

四代鍋島元延・五代鍋島直英

実力と強い個性で小城藩および藩士を引っ張った元武の死は、藩内に動揺をもたらした。

元武死去後、四代藩主となったのは、元武の長男元延《もとのぶ》だった。元延は、元禄八年（一六九五）六月六日、小城で誕生。母は小城藩士城島家永《じょうじまいえなが》の娘で、幼名を初代藩主元茂と同じ三平といった。宝永六年（一七〇九）十一月二十八日、六代将軍徳川家宣に初御目見し、同年十二月十八日、従五位下諸太夫に叙爵し加賀守を名乗った。正徳三年（一七一三）正月二十六日に父元武が隠居したため、家督を相続し小城藩主となったが、翌年の正徳四年五月晦日、まだ二十歳の若さで子がいないまま江戸において死去してしまった。

鍋島元延墓

元延時代、家臣団の中には若い藩主に不安を持った藩士もいたようで、同四年正月十三日、番頭格の千手外記は、西太郎兵衛組から、藩士が知行高に応じて米を藩へ提出する出米の中止を求める願書が提出された際、あろうことか、この願書を佐賀藩の親類同格多久家へ養子に行っていた多久出雲茂村《たくいずもしげむら》（後の小城藩主鍋島直英）へ提出してしまった。出米の中止を元延ではなく多久茂村に求めるということは、小城藩の支配に対して、多久家、ひいては佐賀藩の介入を招く恐れのある行為であった。このため元延も「出雲儀、我等弟之事ニ候得共、他家江参たる事に候へは、彼宅可差出謂《いわれ》無之」と言って激しく非難し、千手《せんじゅ》に対しては、死罪は免じるが組・屋敷取り上げ、先祖の勲功に対して四十石を与えるという処罰を下した。

元延の跡を継いだのは弟の直英《なおひで》（元・多久茂村）であった。直英（茂村）は、元武の二男として、元禄十二年（一六九九）三月十七日に小城で生まれた。母は元延と同じで、幼名を万吉といった。佐賀藩の親類同格多久茂文の娘を正室として、同家へ養子に行き、正徳元年（一七一一）十月十九日、養父の死去により多久家の家督を相続していた。しかし、兄元延が子のないまま死去したため、直英は多久家から実家の小城鍋島家へ戻り、家督を相続し、直英と名乗った。

だが直英が実家に戻ってきても、課題は山積みであり、特に家臣団の窮乏化は深刻であった。正徳五年四月二十日、小城藩の分家である西小路鍋島家の鍋島大蔵元敦《もとあつ》（物成三百石）の家臣であった佐野杢右衛門《もくえもん》をはじめとして、一〇名が処罰された。理由は、長崎で高利の借入金をし、さらに返せなくなると、藩の蔵方から支出をするなど、「大蔵権威を仮り押し取り」、つまり、元敦の名を出して強引に返済を滞らせたというのである。さらに、この事件を記した「罰帳」の判決文には、「あまつさえ大分の私欲をせしめ」とあるから、佐野達の懐にも金が入っていたようだ。さらに、処罰者の中には元敦自身も含まれており、牢人に処せられている。元敦は、綱吉から奥詰に任じられ、国許を留守にしがちであった元武に代わり、国許で藩主一族として、弟で三浦家へ養子に行った能冬（三浦鍋島家）とともに、政治的にも軍事的にも重要な位置を与えられていた。

　しかし今回の一件では、能冬もまた、西小路鍋島家の家政にまったく関与しなかったばかりか、自分も公金を借りていたことを問われ、口頭注意ともいえる呵《しかり》という処罰を受けている。なお、元敦・能冬両人は、時期は分からないが罪を許され、元の親類格として藩主を補佐すべき立場に戻っている。

　身分格式上、最高位にある親類格であっても、財政の困窮化が進んでいるのであるから、中下級の武士の窮乏化はより進んでいた。さらに享保の大飢饉も発生し、藩財政も厳しさを増す中で、直英は、延享元年（一七四四）九月十二日、四十六歳で小城において死去した。長男万之助直喬《まんのすけなおたか》がすでに死去していたため、家督は二男直員《なおかず》が相続している。

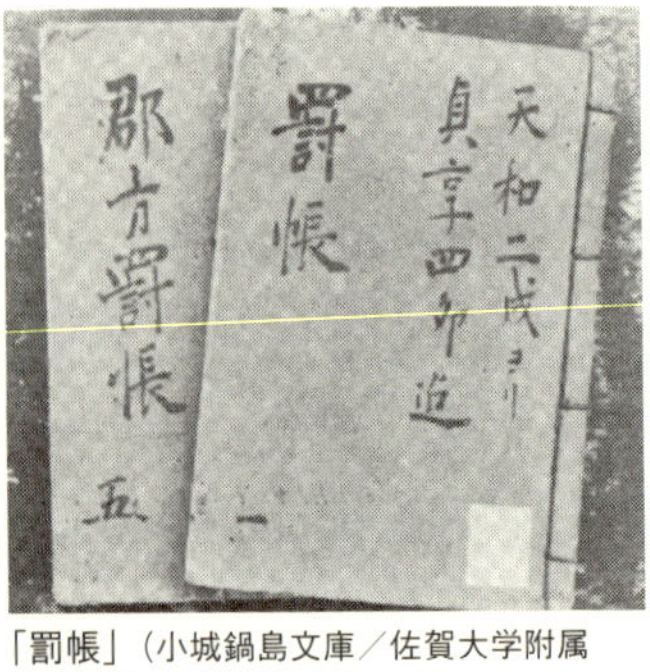

「罰帳」（小城鍋島文庫／佐賀大学附属図書館蔵／『小城町史』より）

② 小城藩における罪と罰

小城藩主は小城領内での刑罰権を持ち、
一部の家臣の中にも、自分の家来に限ってだが刑罰を行う者もいた。
小城藩の史料である「罰帳」は江戸時代の小城の社会や人々のことを伝えてくれる。

「罰帳」の世界

江戸時代を通して小城藩領において様々な犯罪があったことは、様々な史料に記載されている。小城藩には天和二年（一六八二）から幕末に至るまでの小城藩内における犯罪と処罰を記した「罰帳」が残されている。犯罪としては、殺人、傷害、窃盗、公金横領、武士道の違反行為、役職の怠惰、密通、偽銀札発行などがあげられる。処罰としては、呵《しかり》、蟄居、小城町をはじめ小城郡・佐賀郡などの領内および長崎からの追放刑、死罪などに処せられていた。死罪についても、縛り首による生害や、武士であれば切腹など、処分者の身分や犯罪の内容に対して規定されていた。

「罰帳」に記された犯罪は、当時の社会状況をあらわすものであり、江戸時代の小城を理解する上で大変、貴重である。すべてを載せる訳にはいかないが、それぞれが大変興味深い。明和五（一七六八）年正月十九日、小城藩士江原覚左衛門と牛津本町の町人角右衛門が口論となり、江原が抜刀して斬りかかったところ、一緒にいた同所町人茂太夫・源兵衛・新兵衛が角右衛門に味方し、特に角右衛門は江原の脇差しに手を掛けたりしたため、江原に「不覚をとらせ」たとして、小城・佐賀・杵島・神埼・藤津五郡払および長崎構になったほか、新兵衛は江原の刀を抜き身のまま家へ帰ったことが罪とされ、ほかの三人ともども小城・佐賀・神埼三郡払および長崎構に処せられた。なお、刑罰としての払や構とは、追放刑のことで、当該場所に居住することが禁じられた。

小城藩の領内で犯罪があった場合、これに対する処罰を下すことができるのは小城藩であり、親類・家老・大目付が協議した上で、最終的に刑罰を命じる権限を持っていたのは小城藩主であった。佐賀藩内における小城藩は大配分領主に該当したため、佐賀藩主に伺いを立てることなく、死罪まで行うことができた。それが享保十七年（一七三二）九月、佐賀藩主鍋島吉茂によって出された「御格式帳」により、死罪については佐賀藩へ知らせることが義務付けられた。

もっとも、親殺し、主殺しといった「逆罪」については、吟味権・仕置権とも行使できず、佐賀藩が行った。明和八年十月、小城藩の医者であった渋谷包庵《ほうあん》が親包順《ほうじゅん》を殺害した事件では、小城藩は、包庵を小城から佐賀の評定所へ送り届けるまでで、取り調べは佐賀で行われ、佐賀藩の請役所から磔《はりつけ》の刑が言い渡されると、佐賀藩の処刑場である嘉瀬において刑が執行された。

自分仕置を行う藩士

江戸時代、罪を犯した者を処罰する権限は、基本的に藩主が刑罰権として持っていたが、小城藩の場合、自分自身で刑罰を執行する武士（給人とも呼ばれる）がいた。例えば、藩の「日記」から見てみると、寛政十三年（一八〇一）十月七日、親類の鍋島大蔵から家臣を処罰したとの報告が藩にあった。理由は分からない。また天保三年（一八三二）九月二十一日、番頭格の持永新次郎が古湯村在住の被官に閉戸を申し付けていることの報告があったが、やはり理由は分からない。つまり、処罰の理由にまで藩は介入しないので、報告する義務もないのである。

こうした給人による刑罰権は、中世以来のもので、藩による刑罰権が確立しても、それに吸収されずに保持していた。もっとも、誰に対しても刑罰権を行使できるのではなく、自身の家来（又家来、被官）に限られていた。これは戦陣において自分手限りの権限を持っていなければ、家来達を統率することができないことに由来するもので、平和時においても、上級の家臣に限り権限を持っていた。

③ 格差社会の顕在化

藩財政の困窮化は立藩当初から始まっていた。
武士であっても財政難のため、館下の桜岡から村に居住する状況であった。
しかし一方で裕福な町人の中には藩への献金を通して武士化する者も現れた。

藩財政の窮乏

江戸時代の初めから藩主元茂が江戸に詰めていた小城藩は、当初から財政難であった。佐賀藩主であり父であった鍋島勝茂は元茂の財政について確認はしていたものの、その佐賀藩の財政も厳しく、元和四年（一六一八）、勝茂は元茂に対して、「私も借銀が多くあるので金銀の助成はできないよ」と、釘を刺す程であった。

小城藩では、島原の乱に出陣した際も、長崎の御用商人田中二左衛門から四〇〇貫を、江戸の御用商人川口茂左衛門からも二三〇〇両余りの借銀を重ね、しかも慶安四年（一六五一）になっても返済が難しい状況であった。その後も大坂の商人からも借銀を重ねていたようで、下って宝永七年（一七一〇）になるが、閏八月七日、財政難のため、大坂商人への借銀返済を断る程であった(「日記」)。

さらに家臣団に対しても、寛文期(一六六一～一六七三)には、知行高に応じた米を藩へ提出させる出米を行っており、正徳二年(一七一二)八月十六日には、「数年出米に及」び、といっているから(「日記」)、常態化していたようである。牛津には出米のための蔵が設けられ、出米が納められた。やがて、財政難を補うための出米は恒常化していくが、時には、家臣団の困窮により出米を中止せざるを得ない年もあった(「日記」宝暦七年〔一七五七〕十二月二十三日の項)。

藩財政の窮乏は藩主の参勤交代にも影響した。安永二年(一七七三)六月四日、藩主直愈《なおます》は参勤に出発しなければならなかったが、「御金払底」つまり、小城藩では費用が捻出できず、延期となってしまった。結局、直愈が小城を出発したのは、約五カ月後の十一月九日であった(「日記」)。

こうした厳しい藩財政の中で、小城藩は、寛政十二年(一八〇〇)、佐賀藩に対して藩財政に関する相談を行うための加談役の派遣を願い、佐賀藩士丹羽内蔵進と宮富浅之允が小城へ来ている。さらに、文化四年(一八〇七)、佐賀藩に年貢の遣い方をすべて委任する上支配格となった。これは佐賀藩が小城藩を支配するためではなく、財政に行き詰まった小城藩から依頼したものであった。このため、もし小城藩の年貢で足らないようなことがあれば、佐賀藩の金銀や米を小城藩へ援助していた。これを嫌った佐賀藩では、翌年には上支配格の解除を行っており、小城藩に支配を任せている。(「日記」)。

窮乏化する家臣達

藩財政の困窮は必然的に家臣団の困窮をもたらした。家臣団は、すでに江戸時代の初めから江戸詰により窮乏していたが、国許においても進行していた。例えば、宝永七年(一七一〇)十二月十三日、小城藩士野口久弥は、困窮のため、知行地をすべて藩へ差し上げるので、藩からの借銀を免除して欲しいと願っている。大名家の財政と家臣団の関係性を明らかにした吉村豊雄氏が指摘しているように、藩は家臣団を救済するために金銀米を貸し付けることがあったが、小城藩でも同様の状況であった。野口家は、物成六十三石を知行としており、小城藩では上級から中級の間に属する。その野口家でさえも、借銀が二五貫目余りに達しており、かつて「一所懸命」の地とされた知行地さえも手放さなくてはならない状況であった。これに対して、藩主元武は、知行地を藩地にすることは難しいが「憐憫《れんびん》」として、知行の内、二十石九斗だけを今後も召し上げて借銀の返済にあてることを許可した。

野口家の困窮は続いたようで、宝暦八年(一七五八)八月に先祖の苗字である黒木に改姓した後、明和六年(一七六九)二月二十七日には、当主次郎兵衛が困窮のため、小城の館下の屋敷を離れ、山内への在郷願いを出し許可されている。在郷すれば、館下と違い、ある程度自給自足の生活ができる。寛政十一年（一七九九）十二月二十六日には、やはり困窮のためもう奉公ができないとして、三年間門戸を閉ざし倹約したいと願い出て許可された。しかし、それでも状況は改善せず、同十三年二月には、四年間再び山内熊野川村へ在郷することを願い、許可されている。

公儀役と献銀

武士達が困窮する中で、「日記」では、明和四年（一七六七）前後から、藩内で富裕の者が藩へ金銀を寄付する献銀★・献米の記事が頻繁に出てくる。

特に、小城藩の財政が一気に悪化するのは、幕府から公儀役を命じられた時で明和七年（一七七〇）正月二十三日に幕府から命じられた京都仙洞《せんとう》御所普請役では、献銀などの臨時収入がなければ、役を遂行することはできない程であった。

小城藩では、二月十二日に家臣団へ普請役を遂行するための資金をどのように調達すればよいか、妙案があれば申し出るように命じたが有効策はなく、家臣へ出米を命じた。十七日には、家臣、寺、町から献金・献米があった。また、藩主直愈の正室や直愈の伯母佐保、もうひとりの叔母久米からも銀を援助してもらっ

▼銀
江戸を中心とした東日本では金貨が使用されたが、上方を中心とした西日本では銀貨が用いられた。

た。さらに、十九日には、小頭・徒士・足軽・百姓・町人にまで出米を命じ、小城・牛津両町へは間口にまで調達銀をかけた。四月二十三日には足軽・小道具の内から調達銀の役人と頭役を定めている。六月八日には、費用が捻出できないため、藩が持っている数寄屋道具をも売却している。佐賀藩から三〇〇〇両を借り、その代わり小城藩の領地をすべて本家の預かりとして、家臣へは蔵米支給する上支配格となっている。さらに大坂の商人からも借銀した。

翌八年ようやく普請役を完遂し、二月十九日、祝いの能興業を行い、家臣団へも拝見を許可している。さらに三月三日には、献銀米をした家臣から百姓・町人・寺院に至るまで、褒美を与えている。さらにこの当時、隠居をして大殿と呼ばれていた直員から、家中が困窮している中で出米を行ったことを気の毒に思うが、「お救い」は出せないため、お手許より家臣団へ二匁《にしゃく》宛を与えている。

何とか公儀役を回避したい小城藩では、安永八年（一七七九）には、時の老中田沼意次の屋敷に出入りをしていた日蓮宗の僧侶日建《にちけん》に、翌年に幕府から公儀役が掛けられないように依頼してもらった。結果、小城藩に公儀役が掛けられることはなかったから、小城藩の工作は成功したようである。公儀役を果たすことで大名化していった小城藩が、藩財政の悪化により公儀役を回避しようとしたのである。小城藩にとっては、何とも歯がゆい思いだったのではないだろうか。

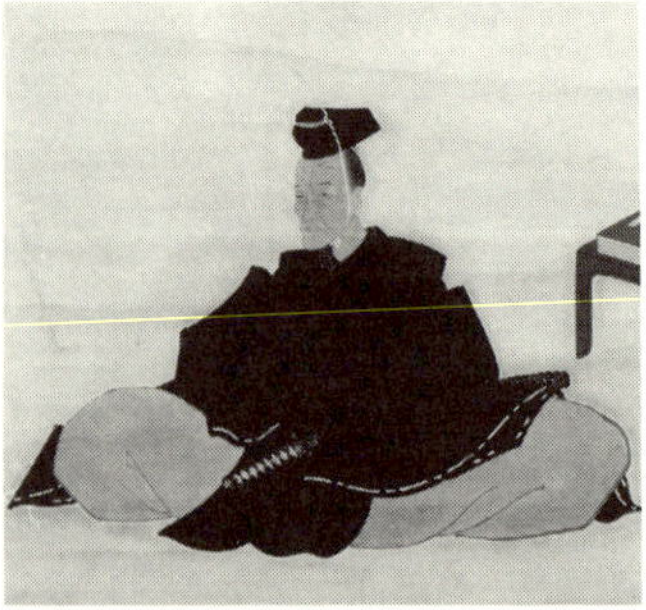

田沼意次像
（東京大学史料編纂蔵）

上昇願望を持つ人々

小城藩では、公儀役を負担する際、年貢収入や諸税では賄い切れず、本家へ援助金を願ったほか、領民からの献銀・献米に頼らざるを得なかった。牛津本町の町人野田家でも、小城藩が幕府から公儀役を命じられると、入り用としていくらかかるか、すぐに情報が伝わっていた（『野田家日記』）。

しかし、次のふたつの事例を見ると、単純に藩が民衆に対して強制的に献銀させる、という強権的な支配の側面だけではないことが分かるだろう。

ひとつ目は、文化六年（一八〇九）十二月二十八日、西彦左衛門は、夏に銀を献上をしたことで徒士に召しなされたことが冥加の至りであるとして、年越銀として定銀一〇貫目をさらに献上したいと願い出て許可されている。

ふたつ目は、小城町の別当も務める佐賀城下白山町の町人深川家の事例だが、同家は、文化四年十月四日、小城藩の「日記」に当主を継ぐ前の嫡子弥五兵衛が徒士として記載されていることから、すでに小城藩士となっており、おそらく献銀を契機にしたものと思われる。それからも弥五兵衛は、小城藩へ銀一〇二貫目を献上するなどしていた。

このため、同八年三月十六日、親である弥兵衛が隠居をする際、同人のみだが、これまでの勤功により一生の間侍格であることが認められている。つまり、深川家は、親は侍格、子は徒士格という、極めてイレギュラーな形だが、「武士」の家になっているのである。さらに、話は前後するが、文化四年十月四日には、佐賀藩からは「献金出精」に付、一人扶持を拝領している。一人扶持とはいえ、佐賀藩と関係を持つ公的な存在になったのであり、佐賀・小城両藩と関係性を持ったことになる。以後も佐賀藩の懸硯《かけすずり》方御用達として献銀をしており、紋付提灯まで拝領していた。

　これに対して小城藩でも、深川家に対して紋付上下や紋付幕を与えて、関係性を強調した。深川家に、本家佐賀藩の紋ばかりがあっては、小城藩の御用達として関係性が薄く見えるから、というのが理由であった（「日記」文化八年四月十三日）。深川家が願ったことではなく小城藩が行っているのである。その後も深川家は、藩へ銀を貸した質として藩の小道具を預かっていたが、同家からこの小道具を献上してきたため、扶持米が与えられている。こうした貢献が認められて、寿三と改名した弥兵衛の娘は、藩主直愈の娘篤の側に取り立てられている（「日記」同十一年三月十五日）。

　これら以外にも、多くの事例が「日記」には記載されている。なぜ人々は献銀をするのだろうか。深川家の事例で明らかなように、町人身分でありながらも、武士身分をも手に入れることができるのである。一方、藩もまた、こうした願望

小城藩の御用商人深川家に伝わった曲物（深川家蔵）

をうまく摑みながら町人達を藩士に編入していった。藩という社会的権力・権威に富裕の町人達を取り込んでいくのである。

「館入」を願う町人

こうした藩の取り立てにより身分が変更となるのは、江戸時代の初めからまったくない訳ではなかったが、儒学者（医者）、能役者など、特別の才能に秀でた者達であり、極めて少数であった。町人が献銀により身分上昇を果たしていく動向は江戸時代の中後期になって顕著となっている。

天保四年（一八三三）五月二十四日、豊前国小倉の用達商人であった升屋伝六から隠居の願いがあった。息子伝吉へ家を譲り、用達と扶持米拝領を引き続き認めて欲しいというのである。そうすれば「家名相続冥加至極」という。これを小城藩は許可している。扶持米を拝領していることから、先程の深川家同様、すでに献銀をしていたものと思われるが、扶持米を拝領する以上、小城藩と関係をもつ存在であるということである。だからこそ、武士と同じように、小城藩へ隠居と家督相続を願い、許可をもらうのである。ここでいっている用達の具体的な内容は、小城からの発送をはじめ、小城へ来る文箱や船便の手配を一手に引き受けることであった。もっとも大坂からの文箱のみは大里《だいり》（北九州市門司区大里）の肥前屋が行うこととしている。いずれにせよ、升屋は、代が替わっても「小城藩御用達」という社会的信用・特権を手に入れることができるのである。

財政難の中で

小城藩は、幕府から命じられた公儀役を務めるために様々な手立てをもって費用を集めたのだが、それでは領内において公共的性格を持つ藩としての役割を果たす際は、どのようにしていたのであろうか。再び、先に見た幕府から仙洞御所普請役を命じられた明和七年（一七七〇）の状況から見てみよう。

二月七日、領内芦刈永田村で土井が崩れたため、これを築き直す必要があったが、藩では費用が出せず、長崎の町人に費用を出してもらっている。三月十四日、小城藩では、家臣や領民への介抱米が出せないので、家臣団へは大組が、郷方へは大庄屋が、村へは各村で手当をして、飢えに及ばないように命じている。本来、藩が行うべきことをそれぞれの下部組織に委ねざるを得ない状況であった。

しかし、報奨のための金銀支出は必要であり、六月九日には領民の中で親孝行の者を報奨するために青銅を与えたり、十二月二十八日には、役方大儀として、家臣団へ褒美を与えている。

家臣の困窮については、八月四日、牛津上使屋番の成富文之進が困窮であるため援助金としての合力金を支給している。これは上使屋が長崎街道にあるため、幕府や他大名への聞こえを意識してのことであろう。

また七月、山代郷干魃のため青幡神社で念仏祈禱の願いが出されたため、これを許可するとともに合力銭を出している。九月には小城町で疱瘡が流行したので、山伏に祈禱を命じたり、酒食料のための銀を支給している。

公儀役の遂行はとても重要であったが、領国では藩・藩主としてすべきことはしなければならず、仙洞御所普請役を命じられた明和七年は、毎年行っていることができなかったり、必要最低限のことを行うことで藩主としての務めを何とか果たした。

有栖川宮馳走役一件

七代藩主鍋島直愈は不幸な藩主であったとしかいいようがない。生涯にわたり、三度、幕府から公儀役を命じられたが、先述した通り、最初に命じられた仙洞御所普請役の際は、将軍への初御目見すら済ませておらず、官位も拝領していなかった。初御目見は明和八年（一七七一）五月十五日で、同年十二月十八日、従五位下諸太夫に叙爵されている。

さて、幕府から二回目に命じられた有栖《ありす》川宮《がわのみや》馳走役では、小城藩からの死者が出たほか、本家や蓮池・鹿島両鍋島家も幕府から処罰される大きな事件となった。

安永三年（一七七四）二月二日、直愈は、京都から江戸へ下って来る有栖川宮織仁親王を接待する、いわゆる公家衆馳走役を幕府から命じられた。

翌三日、江戸にいた直愈は、本家の江戸留守居役空閑惣右衛門《くがそうえもん》を小城藩江戸上屋敷へ呼び、「費用の捻出ができず、本家を頼むよりほかない」と、本家へ財政援助を依頼した。本家で過去の事例を調査したところ、同じ馳走役を務めた伊予吉田藩の伊達家では五〇〇〇両の入り用があり、内一〇〇〇両は幕府からの拝借金で賄ったとのことであった。

その後、小城藩の江戸家老野口文次郎能道《よしみち》が空閑のところへやって来て、「今回は九〇〇〇両から一〇〇〇〇両程費用がかかりそうなので、もはや幕府へ馳走役を断るほかない」と述べた。空閑は、小城藩が断ってしまうと、幕府から本家は何をやっていたのか、援助をしなかったのか、問われることは必至だと考え、これからも小城藩で費用を集め、最終的に拝借金を願ってはどうか、と野口を説得した。しかし野口は、幕府から金を拝借できるかどうかは分からず、空閑も本家から貸してくれるといわないので、焦るばかりであった。

十七日、野口は本家に対して、幕府へ拝借金願いを提出する旨を報告すると、ようやく本家も一〇〇〇両の援助を決め、幕府へ願いを出すことを止めたが、野口は蓮池藩や鹿島藩、さらに旗本で同じ鍋島家の分家であった餅木鍋島家（五千石）の当主鍋島直益とも相談の上、二十六日、月番老中板倉勝清へ七〇〇〇両を拝借したいとする願書を提出してしまった。

しかし、板倉には受け取ってもらえないばかりか、提出を依頼した先手組旗本の長谷川正直（千四百五十石）から板倉の発言として、「前例があるといえども、今回は金を貸す訳にはいかない。本家から願うこともせず今後も強いて願うのであれば処罰する」という厳しい言葉を聞いた。このため野口は「差控」を行うべきか再び問い合わせると、馳走役が終わってからもう一度伺い直すようにとの指示であった。

結局、本家から四一〇〇両余り、本家の親類であった宇和島伊達家から一〇〇〇両をそれぞれ借りた。家臣の中でも知行取の者に対しては、すでに一時的だが知行をすべて藩の支配として地方知行を停止し蔵米を支給する上支配格とした上で、二月二十二日、家臣団に対して、知行一石に付、一匁の銀を出す出銀を命じている。

二月二十三日、徒士以下、百姓・町人まで裕福な者を選んで調達銀を命じたため、晦日に四〇人程が金を献上し、中でも福所忠左衛門は五〇両を献金している。もっとも領民も困窮しており、三月十六日に調達銀を納めない者を桜岡に呼んで、再度依頼している。

宇和島城

話は前後するが、十三日に、有栖川宮は江戸から京都へ帰っており、馳走役も一区切りが付いた。四月十四日、幕府から、本家と三家に対して将軍への御目見を遠慮しなければならないという処罰が連座★でなされ、六月一日に許されている。

しかし、十月二十七日、今回の責任を取って野口は切腹となり、本家江戸留守居役の空閑も隠居牢人に処されている。特に、野口に対しては藩内でも同情の声が強く、翌四年十月二十六日の一周忌には、野口家は再興され三十石を支給されるとともに、藩から茶湯料が支出されている。茶湯料は毎年の命日に必ず支出された。そして、まだ二歳の直愈の妹トマと野口の遺児慶之助能賢の婚姻が定められた。やがて野口家は家老としての格式も回復している。こうした措置も、藩内では野口の行動をやむなしとする同情論があったためであろう。

▼連座
罪に対して、関係する者が責任を問われ、処罰を受けること。

殖産

佐賀藩では、有田焼という全国的にも有名な陶磁器を専売にして藩財政に大きな収入をもたらした。小城藩でも、二代直能の代からお庭焼きとして松ヶ谷焼があり、六代直員の頃まで皿山方を置いていたものの、有田や伊万里のように大量生産・全国流通することはなかった。

藩財政の窮乏から、小城藩でも年貢以外の収入増加を目指し、すでに小城藩領

松ヶ谷焼
（『原色陶器大辞典』より）

内で行われていた和紙の製造・販売に目を付けた。領内の山内では和紙の原料となる楮が取れたことから、同地をはじめ、小城上町でも紙漉きを商売とする者達がいた。この和紙を専売制にすることを考え、天明五年（一七八五）二月十日、「紙御仕法」を立てた。係の役人として藩士成富兔毛、田嶋藤右衛門などを任命したほか、世話頭取として深川弥右衛門を任じている。さらに財政を司る蔵方の役人も相談役である加談役として配置した。深川は小城町の別当だが富裕な町人である一方、徒士《かち》格を得ていた。世話頭取は、実際に和紙を漉くことから販売までを統括する存在であり、その上蔵方の役人まで参加させていることから、藩としても大きな期待をしていた様子がうかがえる。

もっとも紙漉きを専業とする職人がいた訳ではなく、村民が副業として行うものであった。このことは、小城藩から専売制の実施について許可を求められた佐賀藩も気にかけていたが、小城藩としては少しでも収入を増やしたい意図があった。寛政十三年（一八〇一）十一月三日、領内岩蔵村で紙漉きの仕組みが整い、大坂の商人からも注文が入ったため、和紙の生産を始めている。さらに天保三年（一八三二）には江頭治右衛門により紙方改革が唱えられ、さらに翌年には半紙方が置かれた。

また、万延元年（一八六〇）には、親類田尻氏から山代にて石炭採掘の願書も出され、実際に開発が始まっている。小城藩士江越礼太は、炭鉱の開発を藩へ献言するとともに、イギリス人モーリスを雇い、蒸気機関による採掘を行ったものの廃藩により停止したという（『小城町史』）。

④ 災害との戦い

江戸時代は災害との戦いの時代であったともいえる。
台風による水害、干魃、虫害などと人々は戦いながら生きていた。
特に子年の台風は大きな被害を小城地方に与えた。

台風による被害

江戸時代を通して、小城藩の領内ではたびたび干魃、水損、虫害などの自然災害や飢饉に見舞われた。ここでは代表的な災害について取り上げる。

寛文九年（一六六九）に起きた台風は、小城領内に甚大な被害を及ぼしたが、この災害で特徴的だったのは天災ばかりでなく、人災により被害を拡大してしまったことである。

八月十五日、台風が佐賀領全域を襲い、小城領でも、北部の山内では山崩れや、これに伴う山津波が発生し、さらに平野部でも、森川の土井が崩れ、水が田畑に流れ、二十五日まで夫丸（徴発された農民）のべ五万人で築き直さなければならない程であった。当時、江戸にいた藩主直能も「洪水で田畑で作物が取れなくなってしまい残念である。領民が飢えたり農業ができなくならないようにせよ」と、国許の田尻宮内と村川隼人に指示している。

もっとも洪水後の郷横目からの報告によると、土井が崩れたのは、小物成方へ竹を納めるため、十四カ村が荒林となり、平田村の土井でも杉をおよそ一〇〇本売ってしまっていることが原因であるとしている。郷横目は、確かに竹は島原の乱で竹束をつくるのに必要だったため伐採したが、前藩主であった元茂は土井筋に竹があることの重要性を認識していたので、竹を一本も出さなかったと述べている。直能の代になって竹で納めた結果、竹を伐り尽くしたため、水は猶田・池上・堀江・小柳・東芦刈などまで流れ込み、馬なども多く死んでしまい、水損がおびただしいとしている。藩財政が悪化していたためとはいえ、寛文九年の台風は人災による側面が非常に大きかった。

台風の被害については、文政十一年（一八二八）八月九日晩に北部九州一帯を襲った、いわゆる子年の台風（シーボルト台風）がある。小城藩でも、死者二六〇名、負傷者三九三名の被害者を出し、倒家も四三二九軒に及んだ。桜岡でも、請役所や裏門が倒壊したため、同十三年に再建された。

干魃・長雨への対応

小城藩の「日記」を読んでいると、毎年のように、領内において干魃・水損や長雨、虫入りといった自然災害がここかしこで起こっていたことが分かる。

では、藩では、こうした状況において、どのように対応していたのであろうか。

寛政四年（一七九二）四月十六日、領内が干魃のため、藩では、天台宗岩蔵寺へ、雨乞いの大般若経の読経を命じている。この時、藩からは、親類・家老をはじめ、請役所詰中（の侍・徒士）、蔵方、郡方などの諸役人が素足にて、晴気にあった天山社へ参籠し、終日、拝殿にて「御籠」をしている。二十八日も同様に行われたが、この時は親類以下、同じ役職の藩士が夜通し断食をして祈禱が行われた。しかし、こうした祈禱を行っても、日照りが続き、四郷（北郷、西郷、平吉郷、山内郷）から天山社で、雨乞いを神へ願う踊りである浮立をしてくれるように願いがあったので、小城・岡、牛津・新町に浮立を行うように命じている。

七月になると虫入りがあり、右の干魃と同じように、十三日には岩蔵寺へ祈禱を命じ、十八日には、天山社へ親類・家老、諸役人が素足にて参詣し千度参りを行っている。十九日には、桜岡にある真言宗福智院へ虫除きの祈禱を命じるとともに、朝廷から拝領していた「衣之切」と「砂御素」を水に移し、これを田へ入れるように郷中へ配っている。それでも虫はおさまらないため、翌日には四郷より、玉なし鉄砲の発射を願ってきたので許可している。

寛政六年七月には、干魃のため、郷内の庄屋や村役が天山社への参詣を願って

晴気天山神社（小城市）

きたため、これを許可している。村や郷が勝手に参詣祈願をするのではなく、藩の許可によって祈願することになる。江戸時代の後期になると、例えば、文化三年（一八〇六）六月二十三日には、干魃に付、郷内から大庄屋から小百姓まで、七〇〇〇人が天山社へ参詣したいという願い出があり、許可している。

文化六年七月十二日、領内南部の芦刈地方では、渇水のため、その昔、干魃のため人身御供とされたおしまを祀ることから「おしまさん」と呼ばれた芦刈沖ノ島へ家臣を派遣する神楽興業が行われた。なお、「日記」には沖ノ島への家臣派遣の記事は、これが初出である。もちろん地域では、以前から信仰されていたのであろうが、藩の公的な活動として記録されたものと思われる。陸地側にある沖神社へは、小城藩から舎人・浜中両村にいる社人へ、それぞれ米一石三斗六升と三斗四升を毎年与えている。

疫病への対応

領内の緊急事態は、自然災害のみならず、疫病・疱瘡の流行もあった。干魃や長雨の場合は、天台宗系の岩蔵寺や真言宗系の福智院という密教系の寺院へ祈禱を依頼したが、流行病の場合、岩蔵寺や福智院、さらに浮立を行うこと以外、館下の南昌坊や吉祥坊の山伏へ依頼する場合もあった。祈禱願は村から大庄屋へ出

岩蔵寺（小城市）

され、さらにそこから代官所や藩へ提出され、山伏・修験道の寺院へ命じられることになっていた。寛政六年（一七九四）五月十日には、小城町で疫病が発生すると、山伏が桜岡の屋敷内や小路廻りの祈禱を行っている。修行を積んだ修験者による払いの効果を期待したのであろう。

それが江戸時代後期になると、対応の仕方に変化があらわれる。文化六年（一八〇九）七月十九日、山内で疫病が発生すると、藩では藩医の北島養伯《きたじまようはく》を派遣したのを皮切りに、同八年六月十四日には養伯を山内松山村へ、文政十三年（一八三〇）六月十八日には山内杉山村へ藩医宮崎救民《きゅうみん》を派遣している。続いて、安政六年（一八五九）七月、舎人・戸崎両村で疫病が発生した際には、庄屋から医師の派遣要請が出されたため藩医佐野文仲が派遣されるに至っている。

領内での疫病発生時における藩・藩主の役割は、江戸時代の前中期では、寺院や山伏に祈禱を依頼していた段階から、後期に至ると、医師の派遣という、より現実的な対応へと変化していった。

天保期（一八三〇〜一八四四）に、佐賀藩では、藩主鍋島直正のもと西洋医学の受容・拡大を大きな政策としており、例えば、医業免札制度により、医師免許を持たない者には医者としての仕事をさせないという、現代では当たり前だが、当時としては画期的な制度を始めていた。同五年、医学を学ぶための医学寮の設置をはじめ、嘉永元年（一八四八）からは小城藩を含む全領民に対する種痘が実施されており、翌年には引痘方が置かれた。安政四年（一八五七）には、四月十日から小城藩の医師に対して試験を実施する旨が通達された。もし試験に合格できなければ、藩の医者としての資格を意味する「匙《さじ》」を停止すると命じた。

小城に隕石が落下

小城に隕石が落ちた記録が残されている。このことを明治三十一年（一八九八）になってからだが、幕末、幕府軍を率いて官軍に抵抗した榎本武揚《えのもとたけあき》が、「流星刀記事」として、小城藩の「日記」から取り上げているので見てみることにしよう。

寛保元年（一七四一）四月二十五日午前十時頃、桜岡の北東の空に轟音が響いた。雷の音とも違い、大太鼓を打つようなすさまじい音のように聞こえた。「山彦」だろうかとも噂されたが、空には黒雲も出ていた。一〇を数えるくらいの時間が経つと、音も止み黒雲も消えたが、領内鷲原川副左林の屋敷内（現・小城市小城町畑田平原）に重さ約四キログラムの鞠のような黒石が落ちており、深さは約一メートル五〇センチメートルに達していたほか、晴田村蔵入地（小城市散分地区）、北浦山、町裏（小城町）にもそれぞれ黒石が落ちていた。

このため、小城藩では、山が噴火したのかと考え、周辺の山を調べさせたが、噴火した形跡はまったくなかった。また、隣国でも同様のことがあったかと、筑後、筑前、唐津、柳川まで問い合わせを行ったが、そのような事実はなかった。隕石は周辺の寺へ収められたという。

隕石は、「日記」によると四つ落ちたとあるが、明治維新後、ふたつは一八八〇年以降行方不明になっている。残るふたつの内、ひとつは小城鍋島家に収蔵されていたが、第二次世界大戦の時、アメリカの焼夷弾によって被災したとされる。もうひとつはイギリス公使パークスの願いにより、最後の藩主鍋島直虎からイギリス博物館に寄贈され、現在はロンドンにある大英自然史博物館に所蔵されている。

大英自然史博物館の隕石

5 藩主としての責務

藩主（大名）や家老は家臣・領民が安寧に暮らしていけるような政治を行う必要があった。七代藩主鍋島直愈は幕府から課された勅使接待役の費用が捻出できなかったこともあり、本藩主鍋島治茂から隠居を命じられた。

直員から直愈への教え

六代藩主直員《なおかず》は、明和元年（一七六四）五月二十一日に隠居をして、子の直愈《なおます》へ家督を譲った。しかし直愈はまだ九歳で、将軍への初御目見も済ませておらず、同八年五月十五日にようやく済ませた。江戸育ちの少年藩主がいきなり藩政を行うことは難しい。このため、隠居をしたとはいえ、直員が後見して藩の政治を行う必要があった。九月八日、来年、直愈が江戸から帰国するまでは直員が藩政を行うことを達している。同九年八月、直愈が小城へ初めてのお国入りを果たすと、直員は、政治の要約を記した「覚」を直愈へ渡した。そこには、当時の藩主が何を考え、何をすべきかが書かれており、大変興味深いのであげてみよう。

内容は、全部で十一カ条からなる。

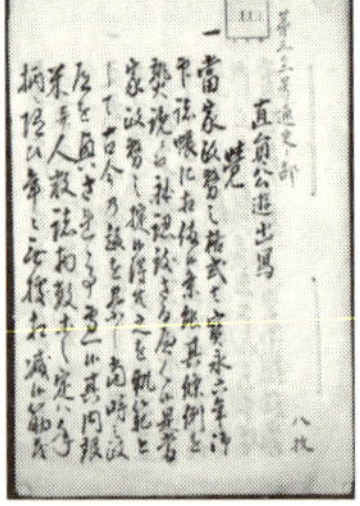

「直員公遊出写」
（国文学研究資料館蔵）

一カ条目に、宝永六年（一七〇九）に三代藩主鍋島元武が定めた「政務格式」を守るように、という言葉から始まる。

二カ条目は、文武は政務の柱である、と教育の重要性を説いている。家中は、「上」（直愈）の好むところに流れていくので、きちんと「教法」を立てて、親類・家老ともよく相談をして家臣達を導くようにしなさい。時には試合や試験をするのも良いでしょう。学問は、時代や人が豊かであったり貧しかったりで起きるものではなく、「時の勢い」があるのです、と述べる。

三カ条目は、「太祖《たいそ》★」をはじめ、佐賀藩や小城藩の先祖の事跡や、昔の人の徳語、和漢の軍書を読むことが大事である。そして、歴史を知った上で政治の助けとするならば、良い人材も出てくるだろう、と歴史から政治を学ぶことの重要性を説いている。

四カ条目は、藩主の「善悪」は近習によって決まるので、近習は普段から言葉遣いを考え、質素にはげみ、常に善道を心がけるようにと、近習の重要性を説く。

五カ条目は、藩主はよく慎み、前後を考え、一言であっても静かに言うこと、怒気を含んではならないと説く。

六カ条目は、下からの願いについては許してあげることが大事である。厳しくばかりしていては、下の者は口を閉ざしてしまうだろう。そうすると、上へ情報があがらず政務の妨げになる。

▼太祖
元祖とも。ここでは鍋島直茂を指す。

七カ条目は、「仁政は士民安堵の道にて候」と、人を慈しむ政治を行うことが大事であることを述べている。仁政を行えば、士民は自然と上の恩恵になつき、忠義の心を持つようになると説く。仁政を行うためには、「士民」が安堵する法をたてるが大事であると、法による支配、つまりなるべく公平な支配をしなければ仁政とはいえないと直員は考えていた。

八カ条目は、「家老は政務の棟梁職」であり、常に古式を考え、新しいことを正していくことが大事であり、家臣団に藩主へ忠義を尽くすようにしていくことが大事だと説く。

九カ条目は、賞罰は「人を使《つかい》候《そうろう》重《じゅう》器《き》」だから、「愛悪之情に任せて妄りに」行う時は、大体が偏ったことになるので注意しなさい、と説く。

十カ条目は、いつもお堅いことばかり考えていては疲れてしまうので遊芸もいい。しかし、遊芸は尽きないものであり、そればかりしていると、家臣達にも影響してしまうと注意している。

最後の十一カ条目は、山林を知り、他領との境を知るため、かつ身の保養のために、遊山・遊猟をしながら巡見をするのが良いでしょう。しかし、度を超して楽しんでばかりいると国政の妨げになりますよと述べている。

なお、この「覚」は以後の藩主も読んでおり、九代藩主直尭《なおたか》が文化十三年（一八一六）に初めて江戸から帰国すると、旧記方ではこの「覚」を写し、直尭へ提出している。

悲運の藩主直愈

父直員から藩政に対する薫陶を受けた七代藩主鍋島直愈《なおます》であったが、明和七年（一七七〇）の仙洞御所普請役と安永三年（一七七四）の有栖川宮馳走役によって、藩財政の窮乏化のみならず、本藩の助力がなくては、大名としての務めである公儀役を果たすことができないことを内外に露呈させてしまった。現在、佐賀大学附属図書館には小城藩の史料を集めた小城鍋島文庫があるが、この中に直愈の和歌関係の史料が残されている。直愈は仙洞御所普請役の際、禁裏《きんり》★から三十六歌仙を、仙洞御所★から新古今集をそれぞれ拝領するなど、秀でた才能を持っていた。しかし、藩主である限り、家臣や民衆の生活を維持していくため、政治の世界でも能力を発揮する必要がある。

一方、この時期、本藩主は鍋島治茂《はるしげ》である。治茂は、本藩主鍋島宗茂の子で、小城藩と同じ三家のひとつ鹿島藩主鍋島直郷《なおさと》の養子となり鹿島藩主となっていた。しかし実兄達が死去してしまったため、佐賀藩に戻り藩主となっていた。この分家の実情を知り尽くしていた本藩主にとって、有栖川宮馳走役一件で幕府から処罰されたことは、小城藩のみならず、佐賀藩にとっても非常事態と考えていた。

▼禁裏
天皇の住む御所のこと。

▼仙洞御所
天皇を退いた上皇が住む場所のこと。

さらに小城藩では、有栖川宮馳走役一件に続いて、寛政三年（一七九一）、幕府の買上米三七〇〇両を借り入れたが返済できず、翌四年八月、本家へ報告せざるを得なくなってしまった。これを知らなかった佐賀藩は激怒した。九月十四日、小城藩の家老が全員、佐賀城に呼び出され、佐賀藩の請役相談役であった生野図書より、家老のひとり村川佐一郎の処罰と、有栖川宮馳走役一件のように再び佐賀藩にまで幕府からの処罰が及ばないように、本家が三千石を買米にして上納することが達せられた。なお、村川は翌年十月十三日に佐賀藩から牢人に処されている。この時の小城藩の財政難はかなり深刻で、伝来の重宝を売り払っていたことを佐賀藩が知り、七〇〇〇両を貸与して買い戻すようにした程であった。

こうした状況により、これまでがまんしてきた治茂も、同六年、ついに直愈を強制的に隠居させてしまった。その理由は、①参勤の費用さえ整えられていない、②病気と称しながら山川で狩猟をしている、③治茂の娘で直愈と婚姻した数姫と不仲である、④本家が村川佐一郎を取り調べ中なのに、その弟平八郎を相談役見習という役職に就けたことである。藩政はけっして直愈ひとりで行えることではなく、家老達にも責任の一端があったのであろうが、治茂にとっては、本家としての義務であるとともに小城藩の家臣と領民の生活を守るための責任と考えていたのかもしれない。小城藩の家老達も、責任は藩主ではなく、実際に藩政を担ってきた自分達にある、と弁明したものの、治茂が聞き入れることはなかった。

鍋島直愈の墓
（『小城町史』より）

第六章　幕末の小城藩

雄藩となった佐賀藩のもと、小城藩もまた近代へ向けて動き出す。

大野代官所跡（小城市）

①藩政改革と藩校の設置

藩財政の強化と藩の権威を高めるための藩政改革を行った。改革では、人材の育成が重視され、藩校興譲館が設置された。家臣団は鍋島家や自家の先祖の歴史を学んだ。

英邁の藩主鍋島直尭

直愈の跡を継いで藩主となったのは、直愈の子直知だった。しかし、文化元年（一八〇四）三月十二日、まだ二十一歳の若さだったが、江戸で死去してしまった。このため、弟直尭《なおたか》が家督を継ぎ、小城藩主となった。直尭は、江戸城内柳之間にいる諸侯中、英明さをもって知られ、幕府から寺社奉行への就任を内々に打診されたが、佐賀藩が猛反対したため、取り止めとなったという。

また、小城藩は、十万石未満の外様大名が詰める柳之間では、豊後国岡藩の中川家に次いで二番目の石高でありながら、幕府から城を認められない無城格であった。このため石高が低くても城を持っている城主格がいれば、その大名家よりも下座に座るなど、下位に甘んじなければならなかった。同じ状況にあった三家

鍋島直知の墓

のひとつ蓮池鍋島家とともに、小城藩では文政元年（一八一八）から、佐賀藩に対して、幕府へ城主格を願い出ることを許可してもらうように願った。しかし佐賀藩は幕府内で家格が変動することを嫌い反対したため、幕府へ願い出ることができなかった。幕府内での低い家格と佐賀藩の態度に嫌気がさした直堯は、嘉永三年（一八五〇）四月に隠居をしている。もっとも、その子直亮《なおすけ》は、元治元年（一八六四）二月二十七日に三十六歳で死去してしまったため、その養子直虎《なおとら》の後見も務め、明治六年（一八七三）八月十七日に死去した。

近世後期の藩政改革

近世後期における小城藩では、領内北部山内地方の支配を強化するため、文化十四年（一八一七）十一月、福岡藩と境を接する大串関所番の下川利兵衛へ取り締まりを命じている。また文政十三年（一八三〇）八月には同じく福岡藩領との国境であった無津呂関所番に対して、「心得書」をもって達している。その内容は、百姓の難渋をなくすこと、年貢の徴収の際、藩の役人は藩主の威光をかさに着てはならないこと、流行病の際は「土俗」に任せるのではなく、きちんと医者に診てもらうことなどを規定している。

そして、小城藩では、天保九年（一八三八）七月二十日、すでに実際のことを知るものはなく理想の時代となっていた直茂や初代藩主元茂さらに三代藩主元武の時代の「古い形に復する」というスローガンのもと、山内に在住する「目代」を設置した。「目代」とは、江戸時代風にいえば代官といった意味であり、古風な言い方である。しかし、これは改革が「復古」という形を取ったからであり、かつ元武の時代、宝永五年（一七〇八）に山内大野村に目代屋敷を設置していたことに拠っていた。この時の目代屋敷は享保四年（一七一九）四月に「御用がない」として売却されていた。さて、「復古」の中身は、年貢徴収を徹底すること、領民は願い出がある場合、目代に対してのみ申し出ること、農民へ教諭すること、村費を倹約すること、などがあげられる。さらにこの時、藩から目代へ与えた「御仕組書付」によると、小城藩の領民が他国（福岡藩領）へ出ていってしまったり、反対に他領の「無類の輩」、つまり怪しい者が入りこまないようにすること、双子が育てられない場合は一子を藩が養育すること、他領からの養子は構わないが小城藩の領民が他領へ養子に行くことは禁止するなど、総じて労働力の確保に主眼が置かれていた。それだけ、この時期、村をはじめ農民自身が疲弊しており、藩は農民の「家」を維持していくことを目指していた。

藩主による山内巡見

大野代官所跡（佐賀市）

藩政改革と前後して、小城藩では、藩主による山内巡見が始まった。文政十二年（一八二九）三月十三日、藩主鍋島直堯は桜岡の館を出発し、山内の市川村、杉山村、大串村、麻那古村、十四日には上無津呂村、古湯村など、十五日には三瀬峠を経て下無津呂村へ、十六日は大野村、畑瀬村を通り再び古湯村へ出て、十七日、熊川村から川上実相院へ出て小休止してから館のある平野部へ下り、織島の大地町を経て帰館している。

この巡見で上無津呂村において直堯は、戦国時代にこの地を治めていた領主神《くま》代勝利《しろかつとし》が奉納した品々や、やはり戦国時代まで「おとな」（村のリーダー）であった先祖を持つ吉浦太郎右衛門が持っていた、鍋島直茂が「おとな」に同村の支配を認めた古文書を閲覧した。さらに、直堯は、廻った村々において、それぞれの庄屋や村役人と会い、山芋や菓子が献上されると、酒料として銀を与えている。現在の藩主が、過去の領主が奉納した品々や古文書を確認したり、村のリーダー層と対面儀礼を行うことで、神代家や直茂に続く正統な後継者としての藩主の立場や権威を確認していった。

興譲館の設置

人材を育てるための藩校は小城藩でも重視されたが、藩校興譲館《こうじょうかん》が設置される以前、小城藩では、お抱えの儒学者であった下川家の自宅兼私塾である学問所が享保五年（一七二〇）に設置されていた。もっともこの学問所は、元文二年（一七三七）閏十一月十九日には建物の修復費が藩から支給されており、公的な性格も備えていた。

天明元年（一七八一）、佐賀藩では藩校弘道館を設置したが、その翌二年五月、小城藩でも、儒学者橋本文右衛門・十太夫親子を学問方頭取に任じ、学寮＝興譲《こうじょう》館《かん》（便宜上、以後興譲館と記載する）を設置した。興譲館では孔子を祀る釈祭《せきさい》が行われており、儒学を基にした学校であった。できたばかりの興譲館では、親類格の鍋島能完と鍋島元溥を頭取に任じた。興譲館は、頭取、局長、師範、小師範、手介、素読方といった教官団と、館内に寄宿する内生と、自宅から通学する外生がいた。

館内には、食事などを扱う厨房や、館内の掃除や文学・医学・武芸などの内試（試験）の準備を行ったり、日常の物品調達を取りはからったりする司堂があり、手男（下男）として僕がいた。

興譲館では学問以外、南側に致人堂が設けられ、剣術、鑓術、弓術、馬術、柔術さらに砲術などの稽古や試合が行われた。興譲館の経費は、年間六十石が支給されていたが、天保七年（一八三六）には五十五石に減じている。もっとも、手男の費用は蔵方から、普請については修理方から支給されている。

興譲館木額
（小城市立桜岡小学校蔵／小郡歴史資料館寄託）

興譲館跡に建つ桜岡小学校

藩主の教育

小城藩では、藩主直愈が強制的に隠居をさせられたこともあり、家臣だけではなく、藩主の教育をどうするのかが問われるようになっていた。このことは、次の文政五年（一八二二）八月十九日、藩から家臣への「達」の中にあらわれている。藩主直堯が囃子が好きなため、殿様が好きなことだからと考えて謡や鳴物（三味線）の稽古ばかりしている者がいるが、これは勘違いである。藩主が囃子を稽古しているのは、江戸において諸大名との付き合いで「田舎舞」だと馬鹿にされないためである。だから若い者ほど文武の修行をしなさい、というものであった。祖父直員が遊芸の仕方について心配していた通りであった。

こうした中で、藩主の教育として注目されるのは、直堯の子直亮が、まだ三平と名乗っていた嫡子時代の天保七年（一八三六）春、住居をそれまでの藩主世嗣が住む桜岡から藩校の興譲館で寝起きをして生活をするようになったことである。藩では、このことについて、藩主世嗣がどのように育っていくかは、「御国家万民之安危」に関わるためであると説明している（「日記」十月八日）。また直亮に「善通」（良いことと悪いことを判断させること）に慣れさせるためであったとする。この興譲館での居所は、同八年十二月二十四日には又新館と名付けられてい

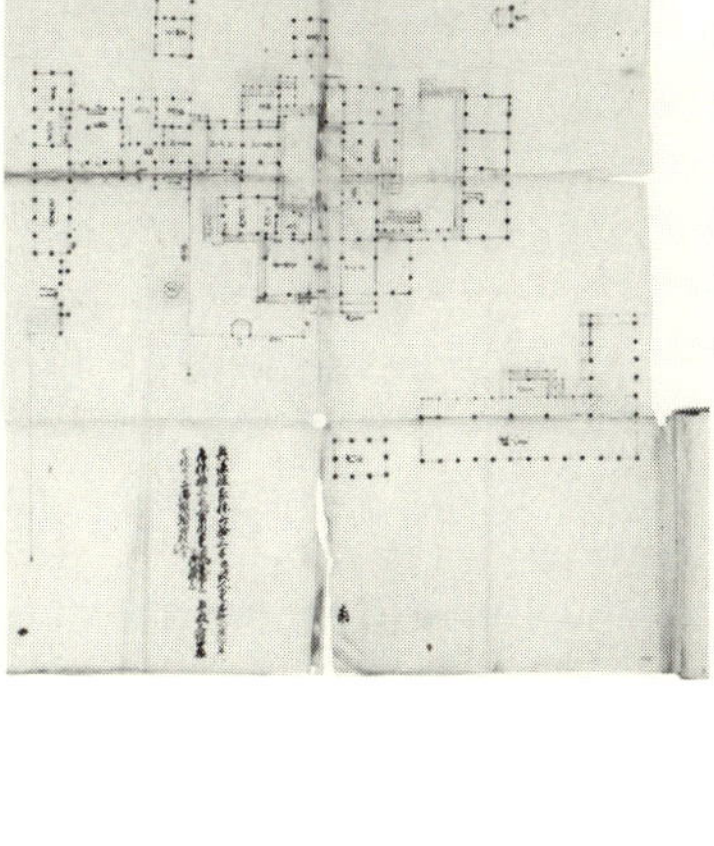

興譲館指図
（岡山神社／小城市立歴史資料館寄託）

る。直亮には儒学者橋本善右衛門（岡陰）が師範として付けられた。

次期藩主が藩校で生活をするというのは、ほかの藩でもあまり例がない。この直亮の又新館居住は、佐賀藩主鍋島直正が命じたものであった。直正は、藩校弘道館の教授に、幕府湯島聖堂の儒学者に取り立てられた元佐賀藩の儒学者古賀精《せい》里《り》の子穀堂《こくどう》を任命して藩士の教育を行うとともに、穀堂を自身のブレーンとして、藩政改革を推進していった。もともと穀堂は、直正へ蘭学・医学などを含めた教育の必要性を説いた「学政管見」や藩内において奢侈・嫉妬・優柔不断などがあることを指摘して藩政治の刷新を説いた「済急封事」などの意見書を提出して、教育を柱とした藩政改革の必要性を説いており、直正の藩政改革に穀堂が与えた影響は極めて大きかった。

古賀穀堂像
（佐賀県立博物館蔵）

年譜会と軍書会

興譲館では小城藩や佐賀藩を含んだところの「御家」の歴史に関する勉強会も行われていた。その必要性はすでに直員が直愈に渡した「覚」にも記されていた通りで、「太祖」である鍋島直茂の言動をはじめ、本家や小城家各歴代当主の格言、さらに和漢の軍書を学ぶべきだという、歴史を学ぶことの重要性を説いていた。

文政十三年（一八三〇）八月十三日から、興譲館において、二七の軍書会が始まった。二七というのは、二と七の付く日に開催されるからである。藩主以下、親類、家老、諸役人が参加している。二七の軍書会は、天保五年（一八三四）六月二日に文武方より中止の旨が達せられるまで続いた。

二七の軍書会がなくなって以降、安政四年（一八五七）一月二十八日からは、「御年譜会」が始まった。ここでいう年譜とは、すでに完成していた『元茂公御年譜』（寛政十二年四月十九日成立、編者不明）、『元武公御年譜』（安政三年冬成立、編者不明）、『直能公御年譜』（享和三年十一月成立、編者不明）、『元延公御年譜』（安政三年冬成立、野副伝義里編）、『元延公御年譜』（安政三年冬成立、野副伝義里編）であろう。小城藩では、初代から四代までの年譜が成立しており、特にこの時期は元武、元延の各年譜が成立している。年譜会は毎月八の付く日に開かれ、藩主も出席をした。

二七の軍書会も年譜会も小城藩の「日記」に開催日が記されていることから、けっして私的な勉強会ではなく、藩主の出席のもと、親類・家老以下の家臣が小城藩の歴史を学んだものであった。軍書や年譜には、家臣の先祖の事跡も書かれており、参加者は、先祖の「御家」に対する忠を学ぶことになった。

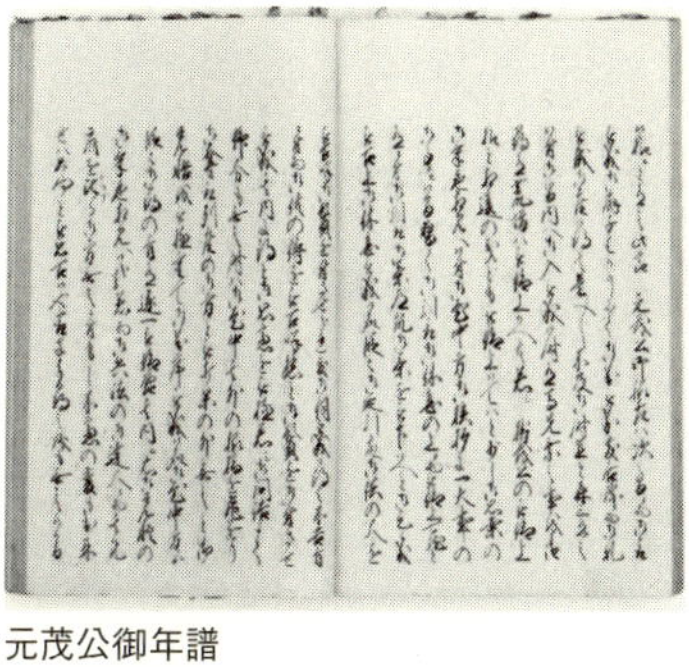

元茂公御年譜
（小城鍋島文庫／佐賀大学附属図書館蔵）

②佐賀藩による支配の強化

幕末の小城藩は佐賀藩による支配・統制がより進み、大名としての格式を一時的だが失う時もあった。

戊辰戦争では秋田方面へも出陣した。

家中の混乱もあったが、明治維新、廃藩置県を迎える。

公務御容捨

安政元年（一八五四）、小城藩は、幕府から「公務御容捨」を命じられた。公務とは、江戸城門番や普請役、馳走役などの公儀役をはじめ、年始・八朔、三節句といった幕府の年中儀礼を指し、これらを停止することである。しかし、この公務御容捨は、三家にとって極めて重要な意味を持っていた。公儀役を務めたり、年中行事に参加するということは、大名だからこそ行うのであり、これらを行わないということは、大名ではなくなるということを意味していた。三家と幕府の関係は、本来、佐賀藩が任意で江戸詰にしたことに由来し、幕府も佐賀藩への恩恵の中で三家を大名扱いしてきた歴史があった。

公務御容捨は、すでに嘉永元年（一八四八）から鹿島藩が命じられていたものが、蓮池藩も含めて三家に対しても適応されたもので、もちろん幕府の意思ではなく、佐賀藩の要請によるものであった。長崎警備を初めとした軍事力を強化したい佐賀藩にとって、三家が公儀役を命じられるたびに財政援助をしなければならず、大きな負担となっていた。幕府との関係は、もはや江戸時代初めの緊張した状況ではなく、むしろ、川崎宿一件★で佐賀藩が関札を引き抜いた一橋徳川家の家臣の処罰を強行に求めたように、少なくとも、三家を人質として江戸に置く政治的意味はまったくなくなっていた。

このため、小城藩を含めた三家は、安政元年（一八五五）から五カ年間公務御容捨となり、さらに安政五年から五カ年間延長して公務御容捨となった。この間、三家は佐賀藩からさらなる長崎警備に動員されていった。また、佐賀からこの公務御容捨を実現するために幕府および幕府役人へ使った運動資金を回収するため、毎年、五千石を納めるようにと命じられたため、小城藩の不満が高まった。

▼川崎宿一件
天保七年（一八三六）三月、武蔵国川崎宿の本陣前に、佐賀へ帰国途中、鍋島家が休憩をするための関札が立っていた。これを、同日、川崎大師へ参詣のため来る予定であった一橋家の家臣が引き抜いた上、足で踏みつけた。これに対して佐賀藩は幕府へ猛抗議をして、一橋家の関係者が死罪を含め処罰された。

太田蔵人刃傷事件

幕末は、日本全体が混乱した時代であったが、小城藩でも、血なまぐさい事件が起きた。元治元年（一八六四）五月七日の夜、藩の重臣太田蔵人が、同じく藩士の戸田家から帰る途中、桜岡館下の永岡小路で、富岡九郎左衛門（敬明）などから襲われた刃傷事件である。襲撃した富岡等は、太田を討ち果たすことができなかったため、後日討ち果たすべしとして、ちりぢりに逃れたが、長州征討という佐賀藩や小城藩にとっても大きな出来事があったため、襲撃事件で藩を混乱させたままでは申し訳ないとの思いから、後に自首してきた。

当時、小城藩の家臣団は、隠居直堯に属する俗論派と、富岡敬明など藩主直亮に属する正義派に分裂していた。俗論派の首領とでもいうべき人物が太田蔵人で、同派にはほかに川副増吉、中尾次郎右衛門、宇都宮作之助などがいた。

事の発端は、後年のことだが、大正五年（一九一六）五月十三日に、旧藩士留守永秀が語ったところによれば、直亮の側役を務めていた留守の兄の話として、藩主直亮自身が小城藩の現状を憂い、特に太田の専横には忸怩たる思いを抱いていたため、富岡達に太田を暗殺するように命じたという。直亮は、「太田を排除する上で親（直堯）に心配をさせてしまうことは耐えられないが、国（小城藩）を良くしていくためには仕方がない」と言ったという。しかし、この直亮の命令を表向きにすることはできないので、あくまで世間に対しては、これまでの太田の悪事を公表して暗殺の理由にしたという。

太田の悪事としては、直堯の側近として江戸にいた時、直堯が国許へ帰ってしまうと、屋敷内にいた直堯の妾と密通していたという。さらに直亮が元治元年二月二十七日に死去した際の葬儀では、略式の服装で出席したため、直亮を軽んじ

永岡小路

ているとして正義派から怒りを買っていた。男子のいなかった直亮の後継者として、俗論派は、直亮の弟富太郎を推し、正義派は佐賀藩から直正の庶子欽八郎（直虎）を、直亮の長女春の婿養子として迎えようとしていた。直堯には、長男直亮、二男能保（西小路鍋島家相続）、三男能倚（三浦鍋島家相続）、そして四男富太郎がいた。俗論派は、さらなる専横を振るうため、この富太郎を藩主に就任させようとしていたというのである。男系の連続という点では、俗論派の方に言い分があるものの、この太田蔵人刃傷事件により、俗論派は藩内での影響力をなくし、正義派の主張が通り、欽八郎が迎えられた。最後の藩主となる直虎である。

襲撃した富岡は山代久保原の牢獄に入れられたが、明治二年（一八六九）、旧知の江藤新平の助力により、佐賀藩主直正の命をもって一命を助けられ、赦免された。

佐賀藩の支配が強まる

公務御容捨や長崎警備の増強など、佐賀藩の支配がより強まったのが、幕末の小城藩の特徴である。もっとも、こうした動向は、佐賀藩主でいうと鍋島斉直《なりなお》の時代から進行しており、文化十四年（一八一七）、佐賀藩では全領内を対象にして人別銀を課し、ひとりに対して銀四匁を徴収している。また、同じ三家のひと

鍋島直亮の墓

つ鹿島藩については、すでに文政三年（一八二〇）に公務御容捨が検討されたが、三家の反対にあい頓挫していた。

領内支配においても、天保九年（一八三八）の「郡方改正」により郡代が廃され、佐賀藩の代官による支配が始まり、小城にも大きな影響を与えた。

例えば、同十三年、中世以来、小城で続いた祇園祭も中止に追い込まれた。祇園祭は郡代が管轄していたから、小城藩の支配の中で行われ、特に武士から農民・町人に至るまで、祭りを楽しみとしていた。藩と民衆が一体となって行っていた祭礼が中止となった意味は大きかった。

安政六年（一八五九）には、佐賀藩から小城藩を通してだが、民衆に対して、幕府や佐賀藩の法を守ること、領主を崇敬すること、氏神祭りのこと、出産のこと、市中郷村の取り締まりを厳しくすることなどが達せられた。

長崎警備と小城藩

寛永十九年（一六四二）、佐賀藩は、幕府から、すでに前年に命じられていた福岡藩と一年交替で長崎を警備するように命じられた。以後、幕末に至るまで、長崎および長崎港を警備するのが佐賀藩の公儀役となったが、小城藩も長崎警備の一翼を担った。ただし、小城藩は佐賀藩と違い、幕府から命じられていたのではなく、佐賀藩からの軍役として課されているものである。小城藩は、三代藩主元武以降、幕府から、門番役や馳走役などの公儀役も課されていたから、いわばふたつの役を務めることになった。幕府と佐賀藩それぞれに従属していた小城藩の在り方を示しているともいえる。

佐賀藩は、小城藩への軍役として石高の半分を掛ける半役とし、正保四年（一六四七）正月から小城藩へ長崎港の外目（外側）にある高島（長崎市高島）警備を命じた。夏番（四月～九月）と冬番（十月～五月）があり、夏番は主従六人、鉄砲八挺、足軽一〇人、冬番は主従四人、鉄砲四挺、足軽四人に減じている。これは夏に異国船が長崎へ来航し帰帆していくためである。

しかし、寛政期前後から日本近海へのロシア船出現により、長崎警備も強化され、文化五年（一八〇八）二月からは、平時には、鉄砲足軽組頭一名（主従五人）、筒方役の侍七名（各主従三人）、足軽二五人も詰め、異国船などの帆影が見えた時には、小城から鉄砲足軽組頭二名（各主従五人）、筒方役の侍四名（各主従三人）、足軽五〇人がそれぞれ出兵することになっていた。

こうした中で、同年八月十五日、イギリス軍艦フェートン号が、敵国であったオランダ船の拿捕を目的に長崎港へ侵入してきたフェートン号事件が起きた。佐賀藩では長崎警備が形骸化しており、これから強化していこうとしていた矢先の事件であった。このため、対応が遅れ、長崎警備の当番であった佐賀藩は幕府か

フェートン号
（長崎歴史文化博物館蔵）

ら処罰を受け、強化が図られるようになっていた。実は小城藩でも、高島番の負担軽減を画策していて、明和二年（一七六五）九月、長崎在住の御用商人で侍として召し抱えた徳見官左衛門へ高島番を命じている。現地在住の「藩士」に長崎警備を担当させようとしたのである。しかし、同六年三月、徳見が病のため当番を辞退したため、結局、これまで通り、小城から藩士今泉平太を派遣した。

その後、天保元年（一八三〇）に家督相続をした佐賀藩主鍋島直正は、西洋の科学技術を積極的に摂取し、これを軍備増強に結び付ける政策を取った。大砲製造方による大砲の鋳造や、当時、「海城」と呼ばれた蒸気船に着目し、電流丸をオランダから購入したり日本で初めての実用型蒸気船凌風丸《りょうふうまる》を造船するなどして軍備を充実させていくとともに、長崎警備をも強化していった。

直正は、長崎港の出入り口に位置する四郎ヶ島や伊王島へ台場を建設し、嘉永四年（一八五一）には両島へ二六門の大砲を据え付けた。小城藩に対しても、天保十一年（一八四〇）九月には長崎警備とともに、長崎に万が一のことがあった時には、小城藩は佐賀城下唐人町を守備するように命じていたが、公儀役を停止する公務御用捨とした安政五年（一八五八）以降、担当を伊王島（長崎市伊王島町）番として百五五名の詰番をするように変更し、これに蓮池・鹿島両藩とともに共同して警備にあたらせ、さらに魚見岳の守衛にも任じている。

文久三年（一八六三）四月には、台場を設けた魚見岳詰だけになり、さらに慶

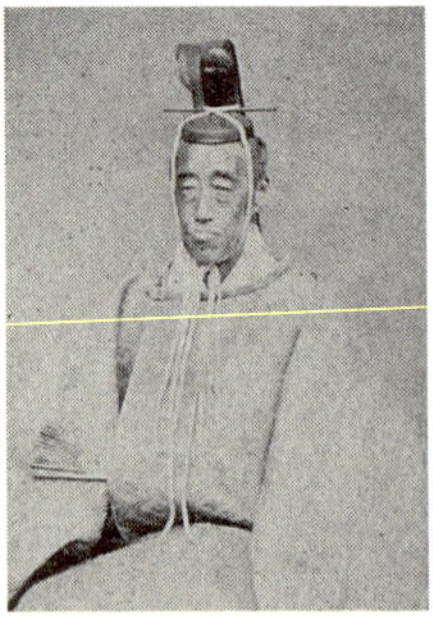

鍋島直正像
（福井市立郷土歴史博物館蔵）

応三年（一八六七）一月には同じく台場のあった神ノ島担当となって、明治維新を迎えた。

小城藩における西洋軍事技術の導入

佐賀藩は、藩主鍋島直正のもと、西洋の科学技術を積極的に導入したが、この影響は小城藩にも及んだ。

まず、西洋銃について、嘉永元年（一八四八）、佐賀藩では火縄銃をすべて西洋流の火打ち式に改造して以降、雷管式のゲベール銃、ミニエー銃などが装備されていったが、小城藩においても同様に装備されるとともに、慶応元年（一八六五）七月十九日には、佐賀藩からの命令によりエンフィールド銃に統一されている。小城藩では、武衛《ぶえい》流・種子島《たねがしま》流・真田《さなだ》流といった砲術流派によって火縄銃の稽古が行われてきたが、安政四年（一八五七）十二月、佐賀藩の西洋銃などを取り扱う火術方から「西洋流銃陣」について稽古を行うように命じられた。対象者は、侍・小頭（副士《そえし》★）・徒士の十六歳から三十九歳まで健康な者は全員で、四十歳以上は勝手次第であった。

次に船舶については、佐賀藩主鍋島直正は、オランダから電流丸（蘭名ナガサキ号）などを輸入するとともに凌風丸を自力で建造していったが、小城藩でも本

▼副士
小城藩における身分格式のひとつで、侍格と徒士格の中間に位置した。軍事には足軽五名を率いる。

格的な軍船として慶応二年（一八六六）二月、イギリス人から西洋型帆船大木丸（英名ドルフィン号）を一四〇〇〇両で購入している。もっとも、財政難であった小城藩では自力で購入することはできず、佐賀藩から六〇〇〇両を借用している。佐賀藩としても、小城藩の軍事力強化は、佐賀藩の軍事力強化につながると考えたのであろう。

大木丸を購入した藩主直亮の意図については、後年となるが、大正五年（一九一六）五月十三日、小城藩史を編纂するために、当時生存していた古老留守永秀に聞いた速記録によれば、海外に領土を求めるためで、万延遣米使節として海外経験のあった藩士綾部新五郎を大木丸に乗せて無人島を見つけて領地とするように命じていたという。

ところで、当時の民衆は、蒸気船を見たことがなかったから、黒い煙をあげ、帆がないのに進んでいく船に驚いたようで、安政六年（一八五九）四月、小城藩主鍋島直亮が伊万里で電流丸を見学する際には、「異形船だが驚かないようにと領民へ触れるように」と命じている（「日記」）。小城藩は、寺井津《てらいつ》、住之江（芦刈）、楠久《くすく》（伊万里）に御船方があり、大木丸は住之江を母港としていた。

幕末の動乱

幕末期、西日本では、尊王を旗印とする長州藩と幕府との緊張が高まり、ついに幕府による長州征討となった。元治元年（一八六四）、佐賀藩は幕府から海路で下関まで行き、そこから山口を攻める小倉口の二番手として命じられていたが、直正は戦う意思を見せず、小倉までの出兵に留まった。小城藩には、寛永期（一六二四〜一六四四）の島原の乱同様、内分分家ゆえに幕府から直接、出兵に関する命令はなかった。慶応二年（一八六六）の第二次長州征討においては、七月十日、佐賀藩は家老西造酒丞に対して、「一左右次第、為惣心遣出陣可申付」と出陣の準備をしておくように命じたが、出陣はなかった（「御前済帳之内」）。

東北への出兵

公務御容捨および郡方改正により、佐賀藩による支配と家臣化がより強まっていた幕末における小城藩では、佐賀藩の指揮・命令のもと、東北へ出兵している。藩政改革を成功させた佐賀藩主鍋島直正は、文久元年（一八六一）十一月に隠居し閑叟《かんそう》と号していたが、朝廷からは「攘夷」と「拒絶」の実行を幕府へ周旋するように命じられる一方で、越前福井藩の松平春嶽とともに将軍家茂の「文武修行相談役」となるなど、公武合体を考えており、最後の最後まで態度を曖昧にしていた。

幕末の佐賀藩を専門とする研究者木原溥幸氏によれば、佐賀藩はフェートン号事件の失敗を繰り返さないために、長崎警備を果たすことを第一の任務としていたことが、長州藩や薩摩藩とは異なる行動を取ることになった。ついに慶応四年（一八六八）三月一日、閑叟が最新の洋式銃を装備した佐賀藩兵を率いて京へ入り、新政府に与することが鮮明となったことで、佐賀藩の立場が明らかになった。二日には、閑叟が議定兼軍防事務局輔に任じられたほか、藩主直大はすでに二月二十九日に議定兼外国事務局輔に、副島種臣《そえじまたねおみ》、大隈重信、大木喬任《おおきたかとう》、江藤新平などの佐賀藩士も続々と新政府の役職に登用されていった。

新政府としては、未だ従わない東北諸藩との戦いを遂行するためには、アームスロング砲など近代的な武器を配備していた佐賀藩が必要であった。慶応四年閏四月九日、出羽の庄内藩追討を命じられ、奥羽鎮撫総督九条道孝の参謀として佐賀藩士前山清一郎が佐賀藩兵七五三名、小倉藩兵一四二名を率いて、仙台から盛岡、秋田久保田の城下へ進出していた。五月三日に直大は、下総・上野・下野の鎮撫を命じられ出兵しており、後に会津城攻撃に参加している。また七月には、佐賀藩の親類同格で西洋の軍備をいち早く取り入れていた武雄《たけお》鍋島家に対して、朝廷から秋田への出兵が命じられた。

東北諸藩の中でも秋田藩は勤王の立場を明確にしており、庄内藩の攻撃を命じられていたが、同じ東北の藩が戦うことに疑問を持っていた藩士もいたようで戦

江藤新平画像
（福井市立郷土歴史博物館蔵）

大隈重信画像
（福井市立郷土歴史博物館蔵）

鍋島直大画像
（福井市立郷土歴史博物館蔵）

況は思わしくなく、苦境に立たされていた。このため武雄鍋島家をはじめ小城藩も動員され、秋田へ出兵することになった。

秋田での戦い

小城藩が佐賀藩から実際に出陣を命じられたのは、慶応四年（一八六八）五月十七日であったが、渡航用の船が足りないなどの諸事情により、八月十一日、佐賀藩の蒸気船甲子丸《こうしまる》とチャーターしたイギリス船の二艘に分乗して、総勢七〇〇名余りの小城藩兵が山代の久原を出発した。

小城藩兵の隊長は親類の田尻種博で、番頭重松与次右衛門、徳島建之丞、物頭松田善左衛門、今泉惣左衛門、永橋助一、嬉野多志摩、五郎川八太夫、長崎要人、下村長四郎、三浦斧柄、犬塚志津馬、役武者星野九右衛門、小田村市左衛門が藩士を率いた。隊長の田尻は佐賀藩から軍令と軍陣掟を渡され、さらに「惣心遣」として佐賀藩士藤本恒作（物成百石）が、目付として北原彦四郎がそれぞれ小城藩に配置され、田尻と同等の扱いを受けることになっていたから、小城藩はほぼ佐賀藩の指揮命令下で出陣したといえる。

出航した甲子丸とイギリス船は、嵐に遭い長州福浦をまわった。イギリス船は十八日に秋田藩領船川に上陸したが、船内は狭く、乗り込んだ二〇〇人の内、半分が座り、半分が立ち、さらに夫丸（農民）は、合羽を着て甲板にいるような状況であった。

　甲子丸も航路中、石炭不足という問題が発生したものの、二十一日には、船川に入津し、秋田藩佐竹家の城下町である久保田城下に到着した。佐竹家は多くの藩が佐幕派となった東北地方で、数少ない官軍方となった藩であった。

　久保田にはすでに総督の九条道孝が本陣を置いていた。久保田の南では、庄内藩との激しい戦いが展開されており、亀田《かめだ》、大曲《おおまがり》といった重要拠点が、当時、東北でも最強の軍備を有していた庄内藩によって占領されており、必ずしも新政府軍が優位に立っていた訳ではなかった。

　二十一日に南部藩が大館城を攻め落としており、小城藩兵が秋田藩領に到着した時は、新政府軍にとって一番最悪の状況であった。二十四日に合流した小城藩兵は、軍事局より大館方面への出勢を命じられる。二十五日、佐賀藩田村乾太左衛門の一隊とともに出陣した小城藩兵は、久保田から湊《みなと》、大久保、鹿渡《かど》、檜山《ひやま》と通り、二十九日、大館の手前、今泉（大仙市今泉）にて南部藩兵と交戦し、これを撃破した。その後も戦いは続き、九月四日にはついに大館城下に至り、激しい戦いとなったが、勝敗を決することはできなかった。五日には、津軽藩兵六十人余が援軍として到着した。この時まで「勝負相分からず」（小田村市左衛門「日記」）として緊張状態が続いていたが、六日、さらに一六〇人余の津軽藩兵が援

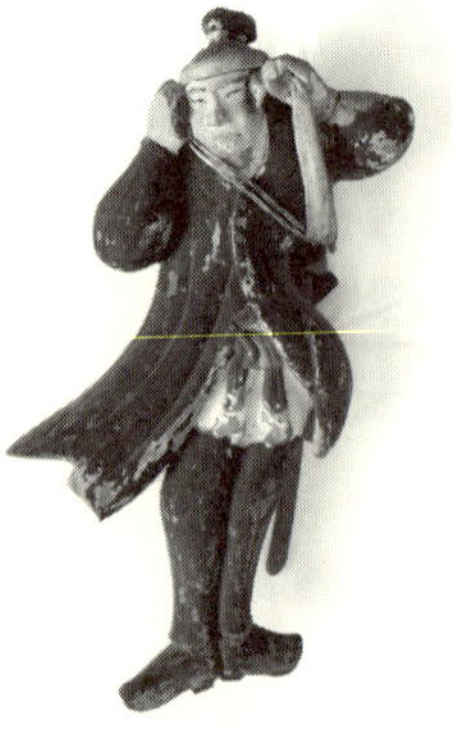

秋田で戦死した今泉惣右衛門木像（小城市立歴史資料館蔵）

軍として到着したものの、夜半に南部藩兵が引き上げていったため、戦いは終わった。小城藩では、今泉・大館の戦いで、九月二日、藩士香田市助が南部兵との戦闘で討ち死にをしており、四日、比井野《ひいの》村清徳寺《せいとくじ》に葬っている。同日、藩士今泉惣左衛門が傷を負ったため、荷上場病院へ送ったが死去したのをはじめ、傷を負った者も多く出た。一方、この戦いで大館城下は灰燼に帰した。

二十一日には葛原村に宿陣し、十月九日には南部盛岡城下に入り、以降、花巻《はなまき》、衣川《ころもがわ》を通って、二十六日に仙台城下に入った。もっとも、この当時、小城藩兵は、隊長田尻率いる隊と、重松与次右衛門の隊に分かれていて、先に仙台へ来たのは重松隊の方であり、田尻隊は久保田城下に戻っていた。十一月一日には田尻隊も仙台へ到着し、小城藩兵は再び一隊となり、二十四日に江戸千住宿に到着した。二十八日には、佐賀藩の桜田屋敷にて佐賀藩主鍋島直大より酒と昼食を賜っている。戦死者は、佐賀藩の江戸における菩提寺賢崇寺にて弔われた。新政府から小城藩へは、賞典金として五〇〇〇両が与えられた。

小城藩から小城県へ

明治二年（一八六九）六月、薩長土肥四藩の建白による版籍奉還により、これまで大名家が治めてきた領地と領民は朝廷へ返上することとなった。まぎれもな

最前列左端が鍋島子爵

く藩・大名家であった小城藩も藩の領地と領民を返上するとともに、藩主鍋島直虎が小城藩の知藩事に任命された。同四年七月には廃藩置県により、ついに小城藩は消滅し、小城県となった。十一月には、佐賀県、小城県、蓮池県、鹿島県、唐津県、厳原県が合併して伊万里県となり、同五年五月、佐賀県と改められている。

直虎は、廃藩置県により子爵の爵位が与えられ華族となり、新政府から東京への移住を命じられた。また同六年八月からは、本家鍋島直大、蓮池鍋島直柔といった兄弟とともにイギリスロンドンへ留学し、直虎は同十一年四月に帰国した。直虎は明治三十二年まで幸橋の元小城藩上屋敷に住んでいたが、湿気がひどく病人も出るということで、同三十七年、牛込区市谷砂土原町へ移り住んだ。

鍋島子爵家跡（新宿区市谷砂土原町）

これも小城

小城と関係の深い儒学者・僧侶

儒学者

関正伯

小城藩士関与四右衛門茂直の三男で、名を定真、字を正伯と号し、後に尚僕とした。寛永三年（一六二六）に元茂が京都賀茂の社家藤木甲斐守敦直から大師流筆道を伝授された際には、京都にあって斡旋の任を果たした。後に佐賀城下に聖堂を建てる武富廉齋は関の門人であるなど、佐賀藩儒学の嚆矢となった。元禄五年四月晦日没。

橋本善右衛門

名は温。岡陰、垂化散人とも号した。興譲館で学んだ後、江戸に出て、当時幕府聖堂の教授であった古賀精里のもとでさらに学び、帰国後、直亮の師伝として付けられるとともに、興譲館の教授となった。特に漢詩に優れた。明治四年十月没。七十九歳。

鴨打大之進

字は庸熙、謙齋と号す。幼少の時より、佐賀藩儒者高揚浦里に師事し、肥後へ遊学して熊本藩の儒学者辛島塩井に学んだ。さらに江戸に出て古賀洞庵や佐藤一斎に学び帰国すると興譲館教授となった。明治十年没。八十二歳

下川文蔵

「七七士」のひとりであった下川五郎右衛門の次男で直能・元武に仕える。十五歳の時、明の再興を求める「乞師《きっし》」として長崎へ来ていた朱舜水に儒学を学ぶ。貞享三年（一六八六）、元武と親交のあった徳川光圀が「乞師」として来日していた張斐を水戸へ招聘するため家臣大串平五郎を長崎へ派遣した際、元武の命により同地へ赴き手伝いをしている。以後、下川家は、橋本家とともに小城藩の儒者として仕える。

僧侶

閑室元佶

臨済宗の僧侶。小城郡晴気村の出身で、やがて京都円通寺塔頭養源院にて出家し、やがて足利学校の第九世の庠主《しょうしゅ》となる。天正十八年、豊臣秀吉が関東の北条氏を滅ぼし、豊臣秀吉の養子であった秀次が足利学校の書籍類を京都へ持ち去ると、元佶も上洛を命じられたため、文禄元年（一五九二）、上京し、秀次の側に侍した

京都では、山科言経や徳川家康、西笑承兌などと交流し、家康から円光寺を与えられる。慶長初年頃からは徳川家康のブレーンとして、家康の命により「孔子家語」「貞観政要」「武経七書」などの漢籍を印刷刊行した。

慶長五年（一六〇〇）三月には京都南禅寺の住職となり、紫衣を賜る。同年の関ヶ原の戦い後は、金地院崇伝とともに、諸寺社の業務を管轄。後、佐賀へ帰ると、小城三間山円光寺と寺領三百石を拝領している。慶長十七年五月没。六十五歳。

これも小城

幕末・明治に活躍した小城出身者

古賀利渉

祇園太郎とも。藩校興譲館で学ぶ。もと小城郡西郷の大庄屋であったが、安政五年（一八五八）尊王攘夷運動に身を投げ脱藩した。播磨国で儒学者河野鉄兜の門下となる。その後長崎へ移るが、長州藩士桂小五郎と交流し、その紹介で公家正親町公董の知遇を得て、学習院の外事掛となり、京都や諸藩の情報を佐賀へ送った。

諸藩へ攘夷を実行するように促す孝明天皇の命により公董が九州へ派遣されると同行する。しかし八月十八日の政変により公董は、黒崎（北九州市黒崎）で京都へ召還されるが利渉は病のため戻らず、慶応二年（一八六六）死去した。

波多野敬直

嘉永三年（一八五〇）、小城藩士横尾（波多野）信倚の長男として生まれる。弟は小城郡長、秋田市長、佐賀市長となった野口能毅である。

明治七年（一八七四）、司法省へ出仕し、同十二年に判事となる。以後、広島始審裁判所所長、司法省参与官、大審院判事となり、同三十八年、男爵を与えられ貴族院議員となった。同四十四年、東宮大夫に任じられ、大正三年（一九一四）には大隈内閣のもとで宮内大臣となった。しかし、同九年五月十五日に開催された皇族会議をめぐり突如辞任した。皇族会議の内容は秘密であるため、辞任の理由も明確ではないが、皇族の臣籍降下について、第二子以下の王子は成年に達すれば例外なく臣下に降籍することが議論されたが、皇族が反対したため、責任を取って辞職したという。同十一年には子爵が授与された。

松田正久

弘化二年（一八四五）、小城藩士横尾只七の二男として牛津で生まれた。幼名を又之輔、大之進と称し、安政四年（一八五七）、小城藩士松田家の養子となる。六、七歳の頃、藩主鍋島直亮の御前で孟子を素読し、一座を驚かせたという。漢学に対する造形は深く、明治二年（一八六九）には上京して、漢学を学ぶために漢学者藤野立馬の家塾に入塾し、さらに昌平黌に入学している。

もっとも松田の秀才ぶりは漢学にとどまらず、同三年には、塙保己一の孫で国学者であった塙忠韶のもとで国学を学び、同四年には啓蒙家でもあり教育家でもあり、ヨーロッパに関する幅広い知識を持っていた西周のもとでフランスの法や制度を学んだ。同五年十月からは西が山県有朋へ斡旋してくれたおかげでフランスへ国費留学し同八年五月に帰国した。留学時には、同じく国費留学をしていた後の首相西園寺公望と親交を深めている。

明治二十三年七月の第一回衆議院議員総選挙に佐賀県第一区より自由党から出馬して、トップ当選を果たした。同二十五年の第二回総選挙では、政府の干渉が激しく、政府党とこれに反対する者達とが騒乱になったいわゆる小城事件があった。

明治三十一年の隈板内閣では大蔵大臣を務め、同三十三年、この年に成立したばかりの立憲政友会を与党とした第四次伊藤内閣では文部大臣に就任した。伊藤博文とは、立憲政友会成立以前から西園寺を仲介として親交があり、以後、伊藤からも絶大な信頼を得た。同三十七年には衆議院議長となり、同三十九年、第一次西園寺内閣で司法大臣に就任すると、同四十四年の第二次西園寺内閣、大正二年（一九一三）の山本権兵衛内閣でも同じく司法大臣に就いている。同三年、男爵を賜ったが、現職の大臣のまま死去した。

中林梧竹

名は隆経、通称彦三郎。文政十年、小城郡三日月に生まれる。幼少より書を好み、清水観音堂に詣で、滝壺の水を汲み、毎日一升宛墨をすり、一心不乱に習字をしたという。こうした努力により、まだ嫡子であった鍋島直亮付となって、江戸へ上って山内香雪や市河米庵に書を学んだ。さらに廃藩後、長崎で清人林雲達に書を学ぶ。明治十五年には清へ渡り、北京で潘存から書を学んだ。後に北京大学翰林院の額も書いた。晩年は小城に戻り、大正二年、八十七歳で没した。

中野初子

小城藩士中野卜斎（宗穆）の次男であったが、才覚に優れ、藩校興譲館で学ぶ。維新後は、明治十四年、工部大学校工学科を卒業し、同十九年には東京帝国大学工科大学助教授となり、同二十一年にはアメリカコーネル大学に修学し、以後、イギリスなど、ヨーロッパの電気工場を視察し、同三十四年、帰国。東京帝国大学教授となり、電気工学の講座を担当した。日本の電気学会の祖と称された。

柴田花守

文化六年、小城に生まれる。幼少より佐賀の儒者武富圯南に師事し、書を牛島藍阜に学ぶ。不二教道を信仰して、長崎では中島広足に国学を学んだ。廃藩置県後は、小城に帰り、使節館にて皇典を講じた。明治二十三年死去した。

エピローグ

小城藩史編纂会

江戸の記憶も薄れてきた明治四十三年(一九一〇)六月二十三日午後一時、東京市牛込区市谷砂土原町(現・東京都新宿区市谷砂土原町)の鍋島子爵邸にて評議員会が開かれ、小城藩史編纂会が発足した。小城藩の歴史を明らかにするとともに、刊行物として出版することも考えていたようである。小城藩史編纂会は、「鍋島家ノ事業トシテ着手」され、電気代から筆代に至るまで本事業費から支払うことが定められた。

東京の総裁には直虎の子で小城鍋島家を相続していた子爵鍋島直庸《なおつね》、会長には波多野敬直《よしなお・けいちょく》、小城の支部長には鍋島元尹《もとただ》が就任した。調査は担当制となっており、小城では菅井(現・JAさが)に支部が置かれ、藩政時代の請役所のことや狩猟、冠婚葬祭は西正豊が、町村の行政は薬王寺寛正が、鍋島家の通史は徳島勇夫が、寺社のことは佐野安麿が、刑罰は中島健が、儒学者など学問関係は五郎川《ごろうがわ》一郎が、それぞれ調査担当の責任者になっていた。すべて旧藩士である。もっとも、評議員には、旧藩時代に

小城藩鍋島家菅ノ井屋敷跡

旧記方という小城藩の歴史を調査する部局に属し、明治になると書聖といわれた中林梧竹や、日本で初めて電灯を灯し東京帝国大学教授を務めた中野初子《はつね》なども加わっている。

編纂会はまず史料を集めることからはじめられたが、編纂の特徴は、主な引用史料として、特に藩の「日記」を用いようとしたことであり、これは現在の歴史学日本近世史でも用いられている方法論である。また藩政時代に親類であった西小路鍋島家の史料も調査されている。大正時代を通して、小城で筆写された史料が東京の市谷砂土原邸へと送り続けられた。明治四十三年十二月十七日、旧藩領の町長・村長へ、会長名にて史料収集の協力を依頼している。

しかし昭和に入ると評議員も「漸々減少致候」と、初期のメンバーもほとんどいなくなってしまい、次第に会の活動も下火になっていった。昭和四年（一九二九）二月二十三日まで会の活動が認められるものの、以降は不明である。

明治末年から始まった小城藩史編纂会の活動およびその成果は、残念ながら明らかになっていない。しかし編纂会は、大きな宝を残してくれた。それは編纂会が収集したり記録した史料である。これらは現在、国文学研究資料館（東京都立川市）に所蔵されている。また佐賀大学附属図書館（佐賀県佐賀市）には小城藩に伝来した史料群である小城鍋島文庫もあり、小城藩の豊かな歴史を伝えてくれている。

あとがき

本書では、最後に登場した小城藩史編纂会が収集した史料の他、小城鍋島文庫（佐賀大学附属図書館）などを利用させていただいた。小城藩に関するまとまった書としては、戦前には『小城郡誌』が編纂され、戦後には『小城町史』『三日月町史』『芦刈町史』『牛津町史』など、自治体による市町村史が刊行されている。さらに佐賀大学地域学歴史文化研究センターと小城市との交流事業により、数々の成果が出されている。本書を執筆する上で、これらの成果も利用させていただいた。史資料の所蔵機関をはじめ先行研究のすべてに感謝申し上げたい。

本書は、小城藩に関する新しい歴史を加えることも意識したつもりである。歴史は、新しいことを知ることがあるからこそ楽しいと考えるからである。またこれまで佐賀藩や小城藩に関して説明されてきた「定説」とは異なる仮説も提示した。「定説」を乗り越えることも大事だと思うからである。ただ、小城藩の歴史をすべて書き記すというのは紙幅の都合もあり、また私の拙い能力では難しく、割愛した部分もある。三家に共通する歴史に関しては、別に予定しているので、そちらに譲りたい。

私の家は旧小城藩士で曽祖父の時に東京へ出てきたが、墓地も小城にあったことから、小城や佐賀藩の歴史に興味を持ち、大学学部の卒業論文では佐賀藩の本家と分家の関係性について取り上げて以来、大名家の本分家関係に関する研究や藩政史研究を行ってきた。この中で江戸時代の本分家関係や藩には、制度、社会組織、思想などの各面において、日本全国で共通する普遍的な部分と、大名家や地域の事情に即して成り立っている、いわば個性があることも史料を通して痛感してきた。歴史学という学問においては、前者の共通する部分を広く見渡しながら明らかにしていくことがとても大事であろう。しかしながら一方では、個性がどのように普遍化していくのか、また個性と個性がせめぎ合う中でどのように全体史ができあがるのかという視点も大事だろう。個性は人を惹き付ける。だからこそ、個性ある「地域」の歴史や文化を明らかにしたり知ることは極めて重要であろう。時に深く掘り下げていくことも必要になってくる。地域は生活の場である。この地域から日本史や世界史を見つめていく視野もまた必要だと考える。

本書の執筆にあたっては、現代書館・菊地泰博社長には大変お世話になった。また編集を担当していただいた加唐亜紀氏には、原稿のチェックから刊行に至るまで、すべての面でお世話になった。心より御礼を申し上げる次第である。

参考文献

『小城町史』（小城町、一九七四年）
『牛津町史』（牛津町、一九九〇年）
『三日月町史』上巻（三日月町、一九八五年）
『芦刈町史』（芦刈町、一九七四年）
『多久市史』第二巻近世編（多久市、二〇〇二年）
赤澤春彦・栗原修・出口宏幸・向山伸子・龍澤潤「江東地域関係絵図について」（『江東区文化財研究紀要』一六号（江東区教育委員会、二〇〇九年）
藤野保編著正続『佐賀藩の総合研究』（吉川弘文館、一九八一年、一九八七年）
高野信治『近世大名家臣団と領主制』（吉川弘文館、一九九七年）
高野信治『藩国と藩輔の構図』（名著出版、二〇〇二年）
木原溥幸『佐賀藩と明治維新』（九州大学出版会、二〇〇九年）
吉村豊雄『近世大名家の権力と領主経済』（清文堂、二〇〇一年）
福田千鶴「江戸幕府の成立と公儀」（『岩波講座　日本歴史』十巻、二〇一四年）
福田千鶴『徳川綱吉』（山川出版社、二〇一〇年）
笠谷和比古「『国持大名』論考」（上横手雅敬監修『古代・中世の政治と文化』思文閣出版、一九九四年）
史跡足利学校事務所『足利学校』（足利市教育委員会、二〇〇四年）
島正子・村山定男「本邦の落下、回収された隕石研究の推移」（国立科学博物館、一九九二年）
『村岡総本舗羊羹資料館案内』（村岡屋総本舗、二〇一四年）
宮島敬一編『小城鍋島藩と島原の乱』（佐賀大学地域学歴史文化研究センター、二〇〇四年）
飯塚一幸編『小城鍋島家の近代』（佐賀大学地域学歴史文化研究センター、二〇〇五年）
井上敏幸編『黄檗僧と鍋島家の人々』（佐賀大学地域学歴史文化研究センター、二〇〇八年）
伊藤昭弘編『幕末維新期の小城』（佐賀大学地域学歴史文化研究センター、二〇一二年）
伊藤昭弘編『小城祇園祭』（佐賀大学地域学歴史文化研究センター、二〇一五年）
宮武正登編『千葉の城・鍋島の城』（佐賀大学地域学歴史文化研究センター、二〇一八年）
永井和「波多野敬直宮内大臣辞職顛末」（『立命館文学』、二〇一二年）
『村岡総本舗羊羹資料館案内』（村岡総本舗、二〇一四年）
首藤善樹・坂口太郎・青谷美羽編『住心院文書』（思文閣出版、二〇一四年）
首藤善樹『修験道聖護院史辞典』（岩田書院、二〇一四年）
渡辺一郎校注『兵法家伝書』（岩波書店、一九八五年）
宮島敬一「肥前千葉氏の歴史と文化」（小城市教育委員会編『中世肥前千葉氏の足跡』小城市教育委員会、二〇一一年）
鈴木敦子『戦国期の流通と地域社会』（同成社、二〇一一年）
塚本学『徳川綱吉』（吉川弘文館、一九九八年）
野口朋隆『近世分家大名論』（吉川弘文館、二〇一一年）
野口朋隆『江戸大名の本家と分家』（吉川弘文館、二〇一一年）
野口朋隆「近世の千葉氏」（小城市教育委員会編『中世肥前千葉氏の足跡』小城市教育委員会、二〇一一年）
野口朋子「鍋島家の家紋・杏葉紋について」（『佐賀県立佐賀城本丸歴史館研究紀要』2号、二〇〇七年）
三好嘉子校注『野田家日記』（西日本文化協会、一九七四年）
『佐賀県近世史料』第一編第一巻（佐賀県立図書館、一九九三年）
『佐賀県近世史料』第一編第二巻（佐賀県立図書館、一九九四年）
『佐賀県近世史料』第二編第一巻（佐賀県立図書館、二〇〇九年）
『佐賀県近世史料』第二編第二巻（佐賀県立図書館、二〇一〇年）
前田利見編『八戸藩史料』（郷友会、一九二九年）

協力者

鍋島直幸
公益財団法人鍋島報效会
小城市立歴史資料館
松本吉弘
佐賀大学地域学歴史文化研究センター
宮島敬一
田久保佳寛
久保貴子

野口朋隆（のぐち・ともたか）

昭和四十六年（一九七一）埼玉県さいたま市生まれ。九州大学大学院比較社会文化学府博士課程修了。博士（比較社会文化）。現在、昭和女子大学人間文化学部歴史文化学科所属。主な業績として『近世分家大名論』（吉川弘文館、二〇一一年）、『江戸大名の本家と分家』（吉川弘文館、二〇一一年）、『佐賀藩鍋島家の本分家』（岩田書院、二〇一三年）など。

シリーズ藩《はん》物《もの》語《がたり》 **小《お》城《ぎ》藩《はん》**

二〇一九年四月二十日　第一版第一刷発行

著者——野口朋隆

発行者——菊地泰博

発行所——株式会社　現代書館

東京都千代田区飯田橋三—二—五　郵便番号　102—0072　http://www.gendaishokan.co.jp/

電話　03—3221—1321　FAX　03—3262—5906　振替　00120—3—83725

組版——デザイン・編集室　エディット

装丁——伊藤滋章（基本デザイン・中山銀士）

印刷——平河工業社（本文）東光印刷所（カバー・表紙・見返し・帯）

製本——鶴亀製本

編集——加唐亜紀

編集協力——黒澤　務

校正協力——高梨恵一

江戸末期の各藩

松前、**八戸**、七戸、黒石、**弘前**、**盛岡**、**一関**、秋田、亀田、本荘、秋田新田、仙台、松山、**新庄**、**庄内**、天童、長瀞、**山形**、上山、**米沢**、米沢新田、相馬、福島、**二本松**、三春、**会津**、**守山**、棚倉、平、湯長谷、泉、**村上**、黒川、三日市、**新発田**、村松、三根山、与板、**長岡**、椎谷、**高田**、糸魚川、松岡、笠間、宍戸、**水戸**、下館、結城、**古河**、下妻、府中、土浦、麻生、谷田部、牛久、大田原、黒羽、烏山、喜連川、**宇都宮・高徳**、**壬生**、吹上、**足利**、佐野、関宿、高岡、佐倉、小見川、多古、一宮、**生実**、鶴牧、久留里、大多喜、請西、飯野、佐貫、勝山、館山、岩槻、忍、岡部、**川越**、沼田、前橋、**伊勢崎**、館林、高崎、吉井、小幡、安中、七日市、飯山、須坂、**松代**、**上田**、**小諸**、岩村田、田野口、**松本**、諏訪、**高遠**、飯田、金沢、荻野山中、**小田原**、**沼津**、小島、田中、掛川、**相良**、横須賀、浜松、富山、加賀、大聖寺、郡上、高富、苗木、岩村、加納、大垣、高須、今尾、犬山、挙母、岡崎、西大平、西尾、吉田、田原、大垣新田、尾張、**刈谷**、西端、長島、**桑名**、神戸、菰野、亀山、津、久居、鳥羽、宮川、彦根、大溝、山上、西大路、三上、膳所、水口、丸岡、勝山、大野、**福井**、鯖江、敦賀、小浜、**淀**、新宮、田辺、紀州、峯山、宮津、田辺、綾部、山家、園部、亀山、福知山、柳生、柳本、芝村、郡山、小泉、櫛羅、高取、高槻、麻田、丹南、狭山、岸和田、伯太、豊岡、出石、柏原、篠山、尼崎、三田、三草、明石、小野、姫路、林田、安志、龍野、山崎、三日月、赤穂、鳥取、若桜、鹿野、**津山**、勝山、新見、岡山、庭瀬、足守、岡田、岡山新田、浅尾、松山、鴨方、福山、広島、広島新田、高松、丸亀、多度津、西条、小松、今治、松山、**大洲・新谷**、**伊予吉田**、**宇和島**、徳島、**土佐**、土佐新田、**松江**、広瀬、母里、浜田、津和野、岩国、徳山、長州、長府、清末、小倉、小倉新田、**福岡**、**秋月**、**久留米**、柳河、**三池**、唐津、**佐賀**、**小城**、蓮池、鹿島、大村、島原、平戸、平戸新田、**中津**、杵築、日出、**府内**、臼杵、**佐伯**、森、**岡**、熊本、熊本新田、宇土、人吉、延岡、高鍋、佐土原、飫肥、薩摩、対馬、五島（各藩名は版籍奉還時を基準とし、藩主家名ではなく、地名で統一した）

★太字は既刊

シリーズ藩物語・別冊『それぞれの戊辰戦争』（佐藤竜一著、一六〇〇円＋税）

江戸末期の各藩
（数字は万石。万石以下は四捨五入）